La gouvernance du secteur judiciaire au Niger

Regards critiques

Collection « Études africaines »

dirigée par Denis Pryen et son équipe

Forte de plus de mille titres publiés à ce jour, la collection « Études africaines » fait peau neuve. Elle présentera toujours les essais généraux qui ont fait son succès, mais se déclinera désormais également par séries thématiques : droit, économie, politique, sociologie, etc.

Dernières parutions

Paul G. ACLINOU, *Le premier festival mondial des arts nègres. Ou la négritude cinquante-cinq ans après*, 2024.
Sous la direction de Yao-Edmond KOUASSI, *Culture, africanologie et humanisme, Hommage au professeur Abou Karamoko*, 2024.
Alpha BA, *Tragédie rwandaise : l'échec fatal de la solution négociée, Responsabilités et répercussions dans la région des Grands Lacs*, 2024.
Cédric ONDAYE-EBAUH, *Vous avez dit développement ?*, Nouvelle édition, 2024.
Francky BOLAMBULI BOSINGA, *Le devoir de l'Homme africain. Repenser la démocratie et la culture négro-africaine avec Phambu Ngoma-Binda*, 2024.
Albert JIOTSA (coord.), *Dynamique de la protection sociale de l'enfance au Cameroun et en Afrique*, 2024.
Ahmed Salem OULD MOHAMED BABA, *Introduction au dialecte ḥassāniyya de Mauritanie. Étude grammaticale et lexicale*, 2024.
Emmanuel NGWE, *La population du Cameroun, Du comptage des effectifs à l'analyse des phénomènes démographiques*, 2024.
Téphy-Lewis EDZODZOMO NKOUMOU, *L'office du juge constitutionnel en Afrique subsaharienne. Etude comparative à partir des exemples béninois, gabonais et malgache*, 2024.
Jeanne HEURTAULT, *L'exode de jeunes sénégalais vers l'Europe, Une ethnographie en Casamance*, 2024.
Sylvain SHOMBA KINYAMBA, *Critique de l'université congolaise par l'université. Reculade scientifique et marchandisation des patrimoines*, 2024.

Maman Aminou A. Koundy

La gouvernance du secteur judiciaire au Niger

Regards critiques

L'Harmattan

5-7, rue de l'École-Polytechnique, 75005 Paris
http://www.editions-harmattan.fr

ISBN : 978-2-336-46540-1
EAN : 9782336465401

Liste des acronymes, sigles et abréviations

ABA	American Bar Association
ACGSCGRA	Agence centrale de gestion des saisies, des confiscations, des gels et de recouvrement d'avoirs
ANAIR	Agence nationale des alternatives à l'incarcération et de la réinsertion
ANAJJ	Agence nationale d'assistance juridique et judiciaire
ANLTP/TIM	Agence nationale de lutte contre la traite des personnes et le trafic illicite de migrants
CCJA	Cour commune de justice et d'arbitrage
CDPAC	Commission de discipline du parquet et de l'administration centrale
CEDEF	Convention sur l'élimination de toutes les formes de discrimination à l'égard des femmes
CNDH	Commission nationale des droits humains
COLDEFF	Commission de lutte contre la délinquance économique, financière et fiscale
CSM	Conseil supérieur de la magistrature
EFJN	École de formation judiciaire du Niger
EPA	Établissement public à caractère administratif
FAJ	Fonds d'appui à la justice
FDS	Forces de défense et de sécurité
GNN	Garde nationale du Niger
HALCIA	Haute autorité de lutte contre la corruption et les infractions assimilées
HAPDP	Haute Autorité de protection des données à caractère personnel
HCME	Haut-Commissariat à la modernisation de l'État

IGSJ/P	Inspection générale des services judiciaires et pénitentiaires
OHADA	Organisation pour l'harmonisation du droit des affaires en Afrique
ONU	Organisation des Nations Unies
ODD	Objectifs pour le développement durable
PDES	Programme de développement économique et social
PNJDH	Politique nationale de la justice et des droits humains
PNUD	Programme des Nations Unies pour le développement
PTF	Partenaires techniques et financiers
SAMAN	Syndicat autonome des magistrats du Niger
SCPN	Société civile professionnelle de notaire
TC	Tribunal communal
TAC	Tribunal d'arrondissement communal
TGI	Tribunal de grande instance
TGI-HC	Tribunal de grande instance hors classe
TI	Tribunal d'instance
TIG	Travail d'intérêt général
UEMOA	Communauté économique et monétaire ouest-africaine
USAID	United States Agency for International Development

« Juger consiste à rendre la justice en disant le droit, et non pas à dire le droit en rendant la justice »[1].

[1] CADIET Loïc, Pour une « Théorie générale du procès », *Ritsumeikan Law Review* n° 28, 2011, p. 127-145, spécialement, p. 130.

Introduction

La mise en place et la préservation d'un État de droit sont tributaires d'un appareil judiciaire efficace et capable de concrétiser l'idéal de la soumission de tous au droit, par le contrôle de son effectivité qu'il exerce et la sanction des violations qu'il prononce. La gouvernance du secteur de la justice[2] constitue alors un indicateur pertinent (mais pas l'unique, bien entendu) de la bonne marche de l'État de droit dans un pays. Cette notion de gouvernance, qui est désormais omniprésente dans le discours politique contemporain, est souvent associée à l'adjectif « bonne » pour souligner l'objectif à atteindre dans un domaine social ou étatique quelconque. Dans le domaine judiciaire[3], la notion de gouvernance implique que le secteur devrait être soumis à des normes de responsabilité et d'efficacité. Celles-ci sont apparentées à celles des autres services publics, mais avec des particularités eu égard au rôle central qui est dévolu au secteur judiciaire dans la défense de l'État de droit et dans son rôle de veille à la gouvernance de tous

---

[2] Le secteur de la justice s'entend de tous les organismes et des acteurs, étatiques ou non, impliqués dans la prestation, la gestion et le contrôle du système de justice. Il comprend le système judiciaire ainsi que le personnel et les organismes qui s'y rattachent, tels que les juridictions, les magistrats, les greffiers, les agents judiciaires, les ordres professionnels, les avocats, les notaires, les huissiers, les autorités exécutives du ministère de la Justice, les institutions de contrôle du système judiciaire telles que l'inspection générale des services, les services de police judiciaire et leurs acteurs ainsi que les services pénitentiaires et leurs agents.

[3] La gouvernance judiciaire renvoie essentiellement au bon fonctionnement des tribunaux au regard des exigences de l'État de droit. Voir pour le contenu de la notion, Joël FICET, « Les ambiguïtés de la gouvernance judiciaire : autorégulation et qualité dans le ministère public belge », *Revue gouvernance*, Printemps 2008, pages 1 à 26.

les autres secteurs étatiques, les pouvoirs exécutifs et législatifs, y compris.

En effet, la gouvernance du secteur judiciaire implique, entre autres, une indépendance de la justice vis-à-vis des autres pouvoirs étatiques, sa limitation à son rôle judiciaire en vue d'assurer l'impartialité, la transparence et l'équité ainsi que l'égalité devant la loi, sans intrusion au domaine politique.

Dans cette acception, la bonne gouvernance vise globalement à ce que les décisions judiciaires soient prises et rendues de façon transparente, qu'elles soient basées sur la règle de droit, sans aucune pression corruptive, qu'elle soit du pouvoir politique, économique ou social. Elle implique également que l'on puisse éventuellement engager la responsabilité des acteurs de la justice, et tout autre acteur public, en cas de faute. La justice doit être alors perçue comme l'un des instruments d'édification et de promotion de la bonne gouvernance générale dans l'État. En effet, du fait de la résolution des litiges entre citoyens, et entre organes publics et citoyens, de la réparation des dommages causés aux victimes ainsi que de la préservation de l'ordre public qu'il assure, le service public de la justice offre la sécurité et la garantie nécessaires pour impulser un essor public et privé des composantes de la société. Une des conditions primordiales pour qu'il joue ce rôle est qu'il puisse alors être accessible à tous les justiciables.

L'accès de tous les citoyens à la justice est, en effet, depuis longtemps considéré comme un pilier de la démocratie, de la bonne gouvernance, et d'un développement efficace et équitable[4].

---

[4] L'Objectif de développement durable n° 16 (ODD16) des Nations Unies, qui appelle toutes les communautés à *« promouvoir l'avènement de sociétés paisibles et inclusives pour le développement durable, permettre à tous d'accéder à la justice et de mettre en place des*

Il est considéré comme un droit fondamental et est consacré par divers instruments internationaux tels que la Déclaration universelle des droits de l'homme[5] ou le Pacte international sur les droits civils et politiques[6]. L'accès à la justice est défini comme étant la capacité que les citoyens ont à *« chercher et trouver des voies de recours »*[7] et à *« empêcher que leurs droits soient bafoués et avoir des voies de recours lorsque ces droits sont ainsi méconnus »*[8]. Ainsi, il pose la question de la disponibilité et de l'amélioration des possibilités individuelles d'accès aux tribunaux ou la garantie pour tous d'être représentés. Il nécessite que plusieurs facteurs soient réunis. Il faut d'abord un cadre juridique qui protège les droits des citoyens et qui soit connu et compréhensible du citoyen ordinaire. Ensuite, il faut que les frais de justice soient supportables par les citoyens et que l'avocat-conseil soit disponible et accessible. Et enfin, il faut que les citoyens aient confiance en ce que les lois seront appliquées équitablement et efficacement par des institutions judiciaires qui fonctionnent convenablement.

En définitive, la qualité de l'accès à la justice nécessite que les citoyens disposent des voies de recours, qu'ils soient informés et capables légalement de chercher une voie de

---

institutions efficaces, responsables et inclusives à tous les niveaux » (Nations Unies, 2016) a rappelé son caractère central. Mieux le Programme des Nations Unies pour le développement (2004) a décrit l'accès à la justice comme un droit humain fondamental.

[5] Notamment en ses articles 8, 9 et 10.

[6] Art. 14.

[7] American Bar Association (ABA). (2012). "Access to justice assessment for Mali". P. 1 ; disponible au http://www.americanbar.org/content/dam/aba/directories/roli/mali/mali_access_to_justice_assessment_2012.authche ckdam.pdf

[8] 4 United States Agency for International Development. (2010). "USAID guide to rule of law country analysis: The rule of law strategic framework", page 12. Disponible au http://pdf.usaid.gov/pdf_docs/PNADT593.pdf

recours, et un système judiciaire ayant la capacité et la volonté de fournir des voies de recours efficaces[9]. Ces conditions sont souvent soumises à des évaluations pour jauger de la réalité de l'accès à la justice dans un pays.

Tenant sans doute compte de cela, le Niger a fait de la gouvernance en général un des axes stratégiques du Programme de développement économique et social 2022-2026 (PDES), reflétant les principales dimensions du développement humain durable ; il englobe, entre autres, la gouvernance juridique et judiciaire du pays. En la matière, l'orientation principale est de moderniser l'État afin de disposer d'une administration publique de la justice, capable de délivrer des services de qualité.

En effet, la construction d'un État de droit étant indissociable de la mise en place d'un appareil judiciaire performant, le Niger s'investit depuis plusieurs années à la mise en place d'un secteur judiciaire à même de répondre adéquatement aux besoins des justiciables. Dans ce cadre, diverses initiatives et actions ont été menées souvent en exécution de stratégies et politiques nationales. À ce titre, les PDES 2017-2021 et 2022-2026, instruments nationaux d'orientation générale de la politique de développement ont, après avoir fait le point des contraintes qui entravent le fonctionnement du domaine judiciaire, décliné des actions à mener.

Ainsi, le PDES 2022-2026 a relevé qu'en matière de gouvernance juridique et judiciaire, l'orientation principale est de moderniser l'État afin de disposer d'une administration publique de la justice performante, capable de délivrer des services de qualité, de conduire et de mettre en œuvre les réformes nécessaires. D'abord, il a été fait le

---

[9] Commission Internationale des juristes. (2009). "Access to justice for Africa's marginalized: Impediments and opportunities in eleven countries". Kenyan and Swedish sections of ICJ, African Human Rights and Access to Justice Program, page 9.

constat que le secteur souffre de diverses contraintes. Le problème central identifié est le faible fonctionnement des institutions judiciaires. Il a pour cause (i) l'inefficacité des institutions juridiques et judiciaires, (ii) les difficultés d'accès à la justice, (iii) l'inobservation par certains acteurs du système, des règles d'éthique et de déontologie, (iv) l'insuffisance du budget alloué à la justice (0,46 % du budget national en 2020), (v) l'insuffisance des ressources humaines et des infrastructures adéquates, (vi) la faiblesse du cadre juridique et (vii) la lenteur dans la mise en œuvre de la programmation des infrastructures et des équipements. Au vu de ce constat, le PDES a ensuite défini les défis à relever, dans l'objectif d'améliorer le fonctionnement du système juridique et judiciaire par la poursuite de la moralisation du secteur judiciaire, l'optimisation de l'appareil judiciaire existant et la modernisation des cadres d'intervention et du fonctionnement de la justice. Il s'agit alors de relever les défis (i) d'une justice de qualité, plus efficace, plus équitable et plus accessible aux citoyens, (ii) d'une lutte résolue contre la corruption en milieu judiciaire, (iii) de la construction des infrastructures, (iv) de la réinsertion sociale des détenus, (v) de la mise aux normes des établissements pénitentiaires, (vii) de la dotation en ressources humaines et (viii) de l'amélioration de l'accès de tous à la justice.

À cet effet, prenant en compte la Politique nationale de la justice et des droits humains (PNJDH) qui a six axes stratégiques[10], elle-même déclinaison des

[10] Axe stratégique n° 1 : les mesures institutionnelles et juridiques ; axe stratégique n° 2 : le renforcement de la crédibilité de la justice ; axe stratégique n° 3 : le renforcement du rôle de la justice dans la promotion du développement économique ; axe stratégique n° 4 : le renforcement de l'accessibilité au service public de la justice ; axe stratégique n° 5 : le renforcement de la justice pénale dans la lutte contre la criminalité transnationale organisée ; axe stratégique n° 6 : la protection et promotion des droits humains.

recommandations des États généraux de la justice tenue en 2012, le PDES a indiqué que l'État du Niger appuiera fortement la mise en œuvre de cette politique et de son Plan d'actions décennal 2016-2025.

Cependant, la situation du Niger est sans aucun doute marquée, en cette fin de l'année 2023, par un contexte sécuritaire préoccupant ainsi que l'avènement d'un coup d'État militaire perpétré contre le régime du Président élu Mohamed BAZOUM le 27 juillet 2026, qui a remis en cause le fondement constitutionnel du pays[11] ainsi que dissout de nombreuses institutions propres à garantir le fonctionnement d'un État de droit[12]. Le domaine judiciaire n'en a pas été épargné[13].

En effet, bien avant le coup d'État militaire, le Niger est un État fragile, qui fait face à des défis concomitants en termes de sécurité, de développement et de cohésion interne. Le contexte sécuritaire se caractérise par la recrudescence des menaces sécuritaires sur trois fronts à la fois : à l'est du pays avec le groupe Boko Haram, avec

---

[11] Journal *Le Monde* du 9 août 2023 en ligne, « Niger : comprendre la situation après le coup d'État en six questions », accessible au https://www.lemonde.fr/afrique/article/2023/08/09/niger-comprendre-la-situation-apres-le-coup-d-etat-en-six-questions_6184961_3212.html, consulté le 31 octobre 2023.

[12] Suivant ordonnance n° 2023-01 du 28 juillet 2023, la Constitution du 25 novembre 2010 a été suspendue et les pouvoirs exécutifs et législatifs dévolus à un organe militaire créé à cet effet ; voir https://www.lesahel.org/ordonnance-n2023-01-du-28-juillet-2023-portant-suspension-de-la-constitution-du-25-novembre-2010-et-creant-le-conseil-national-pour-la-sauvegarde-de-la-patrie-cnsp/ ; voir également ordonnance n° 2023-02 du 28 juillet 2023 portant organisation des pouvoirs publics en période de transition.

[13] Ainsi, la cour constitutionnelle et la haute Cour de justice ont été dissoutes, le Conseil d'État est réduit à être une chambre de la Cour d'État créée sur les cendres de la Cour de cassation suivant ordonnance n° 2023-11 du 5 octobre 2023 déterminant l'organisation, les missions et le fonctionnement de la Cour d'État.

toutefois une baisse sensible du nombre des incidents sécuritaires, au centre-est avec des groupes de bandits du Nord-Nigeria qui y font incursion pour procéder à des enlèvements pour rançon et des vols à main armée et à l'ouest du pays avec les groupes terroristes liés à Al-Qaïda et à l'État islamique au Levant (EIL) qui, outre les Forces de défense et de sécurité (FDS), endeuillent les populations civiles régulièrement[14]. De plus, divers trafics illicites (de drogue, de migrants, d'armes) se sont développés dans le pays ces dernières années et constituent autant de menaces pour sa survie. Eu égard au caractère central de la réponse judiciaire, en adéquation avec l'État de droit, il est évident qu'il faudra une approche à même de contribuer à la mitigation de la menace sécuritaire et à une situation de sortie et de post-conflit durable. Pour cela, le pays tente d'apporter des réponses en mettant en place des juridictions spécialisées, notamment un pôle judiciaire spécialisé en matière de lutte contre le terrorisme et la criminalité transnationale organisée et, parallèlement, en mettant en place un mécanisme de justice transitionnelle[15].

En considération de ces menaces, on s'attend à une réponse robuste de l'État, basée sur l'État de droit, avec une bonne gouvernance judiciaire. Cependant, le constat est que non seulement la gouvernance du secteur judiciaire nigérien

---

[14] Après une baisse sensible entre 2021 et juillet 2023 (voir *Agence Nigérienne de presse* (ANP) du 16 juillet 2023, « Niger : baisse de 60 % et 69 % en 2022 et 2023 du nombre des victimes civiles des actes terroristes par rapport à 2021) » ; http://www.anp.ne/article/niger-baisse-de-60-et-69-en-2022-et-2023-du-nombre-des-victimes-civiles-des-actes (consulté le 31 octobre 2023), les incidents sécuritaires et la létalité en lien sont repartis à la hausse après le coup d'État du 26 juillet 2023 (voir *The Washington post* du 30 octobre 2023, "Extremist attacks escalate in Niger after coup topples American ally", disponible au https://www.washingtonpost.com/world/2023/10/30/niger-coup-islamist-militant-extremism/)

[15] Nous reviendrons plus en détail sur ces mécanismes et leurs actions.

parait faible, mais aussi elle se caractérise par une offre de service non efficiente dans un contexte où la redevabilité semble *à minima*.

Si l'histoire et le fonctionnement du système judiciaire nigérien ont fait l'objet de réflexions et d'analyses[16], sur lesquelles nous ne reviendrons pas, il semble que la gouvernance du système n'ait pas fait l'objet d'une analyse systématique, mais d'une approche collatérale lorsqu'un aspect du fonctionnement est abordé. De plus, les analyses antérieures ont plutôt été axées sur des aspects légaux, institutionnels et du comportement des acteurs du service public. Les propositions des solutions aux difficultés, obstacles et échecs du système judiciaire relevés ont, dans cette perspective, été axées sur des améliorations des textes juridiques et du fonctionnement institutionnel ainsi que la mise en place de conditions pour un meilleur comportement des acteurs du système formel de justice étatique. Cependant, sans doute, du fait de l'absence de données, l'ampleur du recours au mécanisme non judiciaire de règlements de litiges n'était pas appréciée à sa juste valeur pour son apport et n'était donc pas suffisamment objet de préoccupation pour son amélioration et sa contribution pour une meilleure offre de justice au Niger. La perspective des attentes des usagers qui recourent à ce mécanisme est éludée dans ce contexte. Aujourd'hui, l'on sait que 34 % de Nigériens sollicitent les mécanismes de justice coutumière pour la résolution de leurs litiges, alors que seuls 10 % des

[16] Voir Dr Bachir Talfi, « Organisation judiciaire au Niger », disponible au https://www.academia.edu/6195435/Lorganisation_judiciaire_au_Niger, Amina Balla Kalto, « La problématique de l'accès à la justice au Niger », disponible au https://afrilex.u-bordeaux.fr/2013/07/23/la-problematique-de-lacces-a-la-justice-au-niger/, consulté le 31 octobre 2023.

litiges nés parviennent aux juridictions étatiques[17]. Toute réflexion sur une meilleure gouvernance du secteur ne peut désormais valablement ignorer ces données. C'est pourquoi la démarche va, dans le cadre de cette étude, intégrer les mécanismes non judiciaires de règlements de litiges pour des propositions de réponses aux défis des besoins de justice qui se posent au Niger. Il s'agira sous cet angle de conduire la réflexion en incluant la nécessité d'un service public et d'une offre de justice axés sur les personnes[18]. Eu égard à cela, le présent ouvrage, qui n'a pas la prétention de l'exhaustivité en la matière, déblaie un domaine de réflexion particulier en vue d'une approche systématique et

---

[17] *« Les Nigériens préfèrent s'adresser à la justice traditionnelle pour régler leurs problèmes juridiques, soit 34 % de l'ensemble des personnes qui prennent des mesures pour résoudre leurs problèmes. Peu de problèmes atteignent la justice moderne, soit environ 10 % des personnes qui s'adressent aux tribunaux formels. Dans un pays où règne le pluralisme juridique, cela n'est pas surprenant. Le renforcement des liens entre les systèmes apportera une réponse à ceux qui en ont besoin. Les avocats sont rarement disponibles pour les justiciables, et pratiquement absents dans les zones rurales »* souligne l'Enquête nationale sur les besoins et satisfaction de justice au Niger, Hill et ministère de la Justice 2022, disponible au https://www.hiil.org/fr/projets/besoins-et-satisfaction-en-matiere-de-justice-au-niger/, consulté le 24 novembre 2023.

[18] Il s'agit d'une nouvelle approche de l'offre de justice qui prône l'accès à la justice pour tous, une justice axée sur les personnes. Elle consiste à renforcer les systèmes judiciaires en plaçant au centre des préoccupations, non pas les institutions et les procédures existantes, mais les personnes et les résultats dont elles ont besoin. Voir Hill, « Justice axée sur les personnes, rigoureusement ! », 2021, disponible au https://www.google.com/url?sa=t&rct=j&q=&esrc=s&source=web&cd=&ved=2ahUKEwiDzaXg6t6CAxWPTEEAHXK4AkUQFnoECA4QAQ&url=https%3A%2F%2Fwww.hiil.org%2Fwp-content%2Fuploads%2F2022%2F01%2FHiiL-Policy-Brief-2021-01-PCJ-Programmes-Francais.pdf&usg=AOvVaw1l370n9NKtUNBrGNk2nuAJ&opi=89978449

globale pour l'amélioration de l'offre de service du système de justice nigérien tant judiciaire que coutumier. Il ne se limitera pas qu'à analyser les réformes et évolutions les plus récentes (2011 à 2023), (sur lesquelles il fera emphase tout en évoquant certains aspects plus antérieurs, pour illustration), mais aussi abordera le fonctionnement actuel du système de justice nigérien en vue de proposer des pistes de solution aux défis relevés. Pour y parvenir, il sera évoqué l'organisation du ministère de la Justice, l'indépendance de la justice nigérienne, son offre de service ainsi que son financement.

Chapitre I
L'instabilité de l'organisation du ministère de la Justice, facteur de faibles performances

Il faut rappeler que le ministère de la Justice est chargé, en relation avec les autres ministères concernés, de la conception, de l'élaboration, de la mise en œuvre, du suivi et de l'évaluation de la politique nationale en matière judiciaire et des droits de l'homme. Il s'appuie pour cela sur une administration centrale, appelée également chancellerie, et composée du cabinet du ministre, du Secrétariat général et des directions centrales.

Le ministère de la Justice nigérien, en charge du secteur judiciaire a mené de nombreuses actions visant à la modernisation du secteur ces dernières années. Les réformes ont été si fréquentes que le secteur a paru en constant chantier durant une dizaine d'années. Les structures de direction au niveau central ont été concernées par les réformes ; en plus, de nouveaux organes sous tutelle ont été créés. Toutefois, il semble qu'un leadership avéré n'ait pas été le critère de nomination des dirigeants du ministère de la Justice, ce qui a pu contribuer à affaiblir ses performances.

A. Le leadership affaibli des dirigeants du ministère de la Justice

Il n'existe rien de constant si ce n'est le changement, a-t-on coutume de dire ; pourtant, il est tout à fait aussi connu que le système judiciaire est notoire pour sa résistance au changement, pour son conservatisme. Pour conduire des changements dans un tel secteur, dont les acteurs sont, de plus, imbus souvent de leur indépendance, un leadership avéré est nécessaire. Cependant, la notion de leadership charrie elle-même des écueils. D'un côté, elle risque d'être perçue sous l'angle du rôle prépondérant des dirigeants et de véhiculer, sans doute indûment, une vision héroïsante de l'action publique[19]. D'un autre côté, elle se confond avec celle de dirigeant public à la tête d'équipes[20] qui œuvrent à atteindre des résultats prédéfinis, à conduire des changements positifs *in fine*. C'est cette deuxième acception qui est privilégiée ici.

Une telle personne a, sans aucun doute, besoin d'une légitimité[21] pour aboutir à ses fins. Pourtant, il a été observé ces dernières années, depuis 2009, qu'aussi bien les personnalités nommées à la tête du ministère de la Justice que celles qui y ont occupé des postes de responsabilité n'ont pas souvent eu, tout au moins lors de leur nomination, l'onction de l'opinion publique et du milieu judiciaire, qui leur reprochent des tares qui les disqualifieraient à être dirigeants du secteur judiciaire.

Ainsi, d'une part, en ce qui concerne les personnalités nommées à la tête du ministère de la Justice, il a été relevé que de 2009 à 2023, la grande majorité de celles qui se sont succédé, soit six (6) ministres, ont été souvent indexées soit pour avoir un passé pénal trouble, ayant fait l'objet de condamnation pénale définitive, soit pour être des personnalités qui ne maitrisent pas le domaine judiciaire, soit pour avoir un caractère difficilement conciliable avec

---

[19] Voir James McGregor Burns (*Leadership*, New York, Harper & Row, 1978). "For me the leader is a very special, very circumscribed, but potentially the most effective of power holders, judged by the degree of intended 'real change' finally achieved" (p. 19).

[20] Voir d'Olivier Borraz, « Pour une théorie plurielle du leadership en politique » dans *Leadership et espace politique : la dimension politique*, Atelier 10 du Congrès de l'AFSP, Rennes, 28-28 septembre, 1er octobre 1999, p. 10.

[21] La légitimité s'entend ici de la légalité et de la perception de reconnaissance et de l'acceptation par les acteurs. Ces derniers aspects sont souvent conditionnés par les capacités techniques de l'intéressé et sa moralité.

l'écoute nécessaire que requiert le leadership. Cette donne ne peut, à elle seule, expliquer le caractère instable des nominations à ce poste depuis 2021 (trois ministres se sont succédé à la tête du ministère en 2 ans.), d'autant qu'entre 2011 et 2021, soit dix (10) ans, un seul ministre, qui n'a pas échappé aux reproches ci-haut indiqués, a été à la tête de la chancellerie. Néanmoins, autant l'instabilité à la tête du ministère a été préjudiciable à la conduite des réformes visant le changement, autant la longue durée à sa tête a, ayant été sans doute bénéfique les premières années, dérivé vers l'instauration d'une gouvernance sans vision de renforcement du pouvoir judiciaire et de sa moralisation[22]. Une durée moyenne de trois ans aurait pu être, sans doute, plus adéquate pour éviter les deux types d'écueils.

D'autre part, il a été relevé que les autorités centrales du ministère de la Justice ont, souvent, été des magistrats qui ont été mis à la disposition de la chancellerie pour des faits disciplinaires, et qui finissent, quelques années plus tard, par être nommés à la tête des directions et exercent alors des réels pouvoirs d'orientation de l'administration de la justice. Cet état de fait a pu conduire au peu d'inclusivité des réformes et au fossé observé entre la chancellerie et les juridictions, les acteurs centraux manquant de légitimité et donc de leadership sur les acteurs des juridictions. Dans ce contexte, des réformes entreprises par la chancellerie sont restées sans action dans les juridictions, leurs acteurs n'ayant pas été associés et/ou n'en ont pas eu connaissance.

---

[22] Certains acteurs et observateurs rencontrés ont estimé que les actions du ministre de la Justice, Marou Amadou, ont dérivé vers un règlement de comptes au secteur judiciaire nigérien après quelques années d'occupation du poste. Il avait été, avant sa nomination à la tête du ministère, condamné pour outrage et résistance à l'exécution d'une décision de justice, et n'avait pas pu accéder au métier d'avocat, recalé pour ses défiances à la justice justement. Il aurait alors, devenu ministre, entrepris des réformes qui auraient pour objectif non avoué l'affaiblissement de l'appareil judiciaire.

Les réformes conduites, quoique souvent nécessaires, ont buté, de ce fait, sur des réticences et résistances diverses, ce qui a entamé leurs impacts.

B. L'évolution et les actions des structures de direction

Le secteur de la justice, faut-il le rappeler, est l'un de ceux dont la gouvernance a un impact déterminant pour la bonne gouvernance de tous les secteurs de la vie d'un État. En effet, il est notamment chargé de la sanction des comportements déviants qui seraient constatés dans tous les secteurs d'activité de l'État. C'est pourquoi, le renforcement de la place de la justice au sein de l'État de droit et de la société, de manière à en faire un pilier essentiel de la construction démocratique et du développement du Niger est l'un des objectifs du Plan de développement économique et social (PDES) 2022-2026. Cet objectif est alors, en toute logique, celui du ministère de la Justice, organe de mise en œuvre de toutes les actions prévues dans le domaine. À ce titre, il contribue à la mise en œuvre du PDES à travers diverses initiatives. L'un des domaines d'action pour atteindre ces objectifs est celui de veiller à l'adaptation de sa structure organisationnelle conformément à l'axe stratégique n° 1, intitulé les mesures institutionnelles et juridiques de la politique nationale de la justice et des droits humains (PNJDH), En effet, la recherche de l'efficacité dans la mise en œuvre de la PNJDH, a fait que la structure organisationnelle du ministère de la Justice n'est pas restée statique. De 2017 à 2023, cinq décrets ont successivement régi la chancellerie pour son adaptation aux objectifs de sa modernisation. Il s'agit du :

- décret n° 2017-010/PRN/MJ du 6 janvier 2017 portant organisation du ministère de la Justice ;

- décret n° 2018-908/PRN/MJ du 28 décembre 2018 portant organisation du ministère de la Justice ;
- décret n° 2020-686/PRN/MJ du 4 septembre 2020 portant réorganisation du ministère de la Justice ;
- décret n° 2021-480/PRN/MJ du 17 juin 2021 portant organisation du ministère de la Justice ;
- et du décret n° 2023-082/PCSP/MJ/DH du 9 septembre 2023 portant organisation du ministère de la Justice et des droits de l'homme.

Les raisons de cette fluctuation organisationnelle sont liées, comme indiqué, à la recherche de l'efficacité et de l'efficience dans la mise en œuvre des programmes prévus, mais aussi, pour le dernier décret, au besoin d'adaptation suite au coup d'État militaire du 26 juillet 2023. Cependant, la problématique de financement semble être occultée à cet effet, alors qu'il n'est point à ignorer, aucune politique publique ne peut effectivement être mise en œuvre sans ressources conséquentes.

En outre, la création de divers établissements publics a caractérisé la structure organisationnelle du ministère de la Justice ces dernières années. Il importe alors de jeter un regard sur leurs attributions, la réalité de leur fonctionnement ainsi que leur pertinence.

1. L'évolution de l'organisation des directions du ministère de la Justice

L'organigramme du ministère de la Justice a constamment évolué ces dernières années. Cependant, il y a lieu de s'interroger sur sa cohérence ainsi que les intérêts/avantages pour le secteur judiciaire nigérien.

a. L'évolution de l'organigramme du ministère de la Justice de 2017 à 2023.

Les réformes opérées de 2017 à 2023 n'ont pas modifié l'architecture des trois Directions générales qui composent l'administration centrale du ministère de la Justice. Il s'agit de la direction générale des affaires judiciaires qui comprenait trois (03) directions techniques nationales portées à cinq (5) par le décret n° 2023-082/PCSP/MJ/DH du 9 septembre 2023, la direction générale des droits de l'homme et de l'action sociale comprenant deux (02) directions techniques nationales portées à trois (3) par le décret n° 2023-082/PCSP/MJ/DH et la direction générale chargée des questions pénitentiaires qui, bien qu'ayant changé d'appellation, a fonctionné avec trois (03) directions techniques nationales, portées à quatre (4) par le décret n° 2023-082/PCSP/MJ/DH.

Quant aux directions nationales d'appui, elles étaient au nombre de huit (08) en 2017. Mais le décret n° 2018-908/PRN/MJ du 28 décembre 2018 en a créé deux autres pour porter leur nombre à dix (10) et celui de 2020 a porté le nombre à onze (11). Leur appellation a évolué pour devenir les directions transversales et leur nombre revu pour être ramené à six (6).

De plus, d'autres services rattachés au cabinet du ministre sont créés en vue de répondre aux besoins spécifiques non couverts par les structures existantes. Ces services sont passés de six (06) en 2017 à sept (07) en 2020 pour être ramenés à un seul par décret n° 2023-082/PCNSP/MJ/DH du 9 septembre 2023. Il s'y ajoute également d'établissements publics sous tutelle technique du ministère de la Justice dont l'analyse suivra.

b. La cohérence dans la réorganisation des directions du ministère de la Justice

Il apparait que de 2017 à 2023, l'organisation du ministère de la Justice a consisté en une augmentation de directions nationales d'appui, des services rattachés et d'établissements publics.

Les réformes relatives aux directions centrales sont parfois conduites dans le cadre du respect des engagements de l'État du Niger auprès de partenaires bilatéraux ou communautaires. Ainsi, la direction de la communication, de l'information et des relations publiques a vu le jour dans le cadre du partenariat bilatéral entre le Niger et les États-Unis d'Amérique. Il en est de même de la direction de la comptabilité des matières qui résulte de l'application de la directive de la Communauté économique et monétaire ouest-africaine (UEMOA) n° 03/2012/CM/UEMOA du 29 juin 2012, portant comptabilité des matières. Néanmoins, ces structures, pourtant utiles (en plus d'autres, telles que la direction du suivi des engagements conventionnels de l'État) pour les actions du ministère de la Justice et le respect des engagements internationaux du Niger, ont tout simplement été supprimées par décret n° 2023-082/PCNSP/MJ/DH du 9 septembre 2023.

Quant aux services rattachés, l'augmentation de leur nombre se justifierait dans la recherche de leur autonomisation et de leur liberté d'action. Il en est ainsi de la cellule de normalisation des armoiries et des Sceaux[23] et de la cellule nationale de l'entraide pénale et de la coopération judiciaire transformées en office lors de la réorganisation de 2020, mais transformées en direction par le décret n° 2021-480/PRN/MJ du 17 juin 2021.

Cependant, de l'avis de certains acteurs, la création de plusieurs services rattachés et établissements publics sous tutelle, est constitutive d'une dispersion d'énergies qui est de nature à rendre inefficace l'administration du ministère de la Justice et, par conséquent, affaiblir son rendement et sa performance. En effet, il est apparu que la création et la mise en place aussi bien de certaines directions nationales que de certains services rattachés n'avaient pas de pertinence du fait, d'une part, que le regroupement de leurs attributions pourrait aisément se faire et d'autre part, du fait d'une insuffisance notoire de personnel pour les animer et de la rareté de ressources budgétaires. C'est sans doute ce

[23] Cette cellule a été supprimée par le décret n° 2023-082/PCSP/MJ/DH du 9 septembre 2023.

qu'a tenté de faire le décret n° 2021-480/PRN/MJ du 17 juin 2021, dont la mise en pratique n'avait pas encore été à son optimum quand est intervenu le coup d'État militaire du 26 juillet 2023, et, conséquemment, le décret n° 2023-082/PCNSP/MJ/DH du 9 septembre 2023 le modifiant.

c. L'intérêt de la réorganisation des directions pour la Justice

La réorganisation des directions est censée apporter un plus dans l'efficacité et l'efficience de la conception et la conduite des différentes politiques du ministère de la Justice. Mais on assiste assez souvent à une frénésie de réformes sans aucun souci de la mise en œuvre. En effet, ces dernières années, les observateurs relèvent la création de plusieurs directions qui n'ont jamais pu fonctionner. C'est le cas de certaines directions, dont les attributions sont précisées, avec des démembrements (divisions), mais qui ont fait l'objet de réformes, voire de suppression[24], sans que les premiers responsables à en occuper les postes n'aient été nommés, faisant apparaître l'initiative de leur création comme étant complètement inutile ou non suffisamment mûrie dès le début.

Ceci est révélateur alors du fait que les réformes organisationnelles du ministère de la Justice ont été faites sans une véritable évaluation de la mise en œuvre des réformes précédentes. De plus, elles ont été souvent faites sans l'implication des acteurs en charge des structures concernées, ainsi que le confirme le fait que la commission des réformes de textes ne siège pas régulièrement et que plusieurs textes de loi aient été adoptés sans que celle-ci ne les ait examinés[25]. Cette absence d'inclusivité ne peut

---

[24] C'est le cas de la direction de la comptabilité des matières qui résulte de l'application de la directive de la Communauté économique et monétaire ouest-africaine (UEMOA) n° 03/2012/CM/UEMOA du 29 juin 2012, portant comptabilité des matières.

[25] Selon plusieurs sources au sein de la chancellerie.

qu'entamer alors l'efficacité attendue des réformes engagées.

Cette frénésie de création de nouveaux services rattachés et des établissements publics a provoqué un éparpillement des structures du ministère ainsi qu'une dispersion des attributions de nature à obérer ses charges, dans un contexte d'amenuisement progressif des ressources. L'organigramme du ministère était devenu illisible et l'efficacité ne pouvait qu'en souffrir. Dans le but de la rationalisation des services des ministères et conformément aux orientations du gouvernement issu des élections de février 2021, le ministère de la Justice a connu une profonde restructuration. Ainsi, les réaménagements issus du décret n° 2021-481 du 17 juin 2021, ont permis :

- La réduction du nombre de directions générales de trois (03) à deux (02) ;
- La restructuration de direction générale en charge des affaires judiciaires pour rétablir le lien fonctionnel avec les juridictions conformément aux recommandations des audits organisationnels du Ministère ;
- La réduction du nombre de services rattachés de six (06) à deux (02), tout en répartissant leurs missions entre les directions techniques nationales dont certains en étaient issus ;
- La réduction des directions nationales d'appui de onze (11) à huit (08) ;
- Le renforcement du secrétariat permanent du conseil supérieur de la magistrature, en l'étoffant en personnel pour une meilleure gestion de la carrière des magistrats.

Après le coup d'État du 26 juillet, la structure du ministère a encore évolué suivant le décret n° 2023-082/PCSP/MJ/DH du 9 septembre 2023 pour répondre aux visions des nouvelles autorités.

Cependant, il importe de noter que la non-atteinte effective des objectifs des différentes directions du ministère de la Justice, est aussi la résultante d'autres facteurs que sont l'insuffisance des ressources financières et le manque de rationalisation dans la gestion des ressources humaines, si faméliques[26].

Aussi, des derniers réaménagements, il en est résulté la suppression de certains démembrements de l'administration dont l'existence se justifiait par le respect des engagements internationaux, mais dont la mise en œuvre ne s'avérait pas adaptée à la réalité contextuelle du régime militaire.

2. Les actions de la chancellerie en matière de respect des droits humains

Sous ce point, d'une part, le Niger a procédé au renforcement du cadre législatif de la Commission nationale des droits humains. Le ministère de la Justice a été l'organe qui a porté le projet. Ainsi, la loi organique n° 2012-44 du 24 août 2012 portant création, composition, organisation, attribution et fonctionnement de la Commission nationale des droits humains, a été modifiée et complétée par la loi 2020-02 du 6 mai 2020 pour non seulement attribuer d'autres missions à la CNDH mais aussi combler le vide juridique qui existait concernant la pratique de torture dans l'exercice de fonction de certains cadres et agents de l'administration, notamment ceux qui ont la charge du pouvoir des poursuites et des investigations.

[26] Le ratio greffier/magistrat était de 0,83 en 2020, loin des normes internationales de 2 greffiers pour un magistrat ; celui des agents auxiliaires/magistrat est de 0,63 alors que la norme internationale est d'un agent pour un magistrat. Le ratio magistrat/population était de 1 pour 50 212 en 2020 loin du ratio international d'un magistrat pour 20 000 habitants. Voir PDES 2022-2026, volume I, diagnostic stratégique, p. 107.

D'autre part, des actions de promotion des droits humains ont également été conduites par le ministère de la Justice dans la période de la mise en œuvre du PDES 2017-2021 et ont porté sur la production et la présentation aux organes des traités de rapports périodiques relatifs aux engagements régionaux et internationaux. Il s'agit particulièrement des rapports relatifs :

- au pacte international relatif aux droits civils et politiques en mars 2019 ;
- au pacte international relatif aux droits économiques socioculturels en mars 2019 ;
- à la convention sur la protection des droits des travailleurs migrants en août 2019 ;
- aux premier, second et troisième cycles de l'examen périodique universel (EPU), le dernier en février 2021 ;
- à la convention sur l'élimination de toutes les formes de discrimination à l'égard des femmes (CEDEF) en juillet 2017 ;
- à la convention relative aux personnes handicapées en avril 2019 ;
- à la convention contre la torture et autres peines ou traitements cruels, inhumains ou dégradants en novembre 2019 ;
- au rapport périodique combiné 2003-2014 et au 14e rapport 2014-2016 sur la mise en œuvre de la Charte africaine des droits de l'homme et des peuples.

Tous ces efforts ont contribué à classer le Niger sur la liste des pays africains à jour dans la soumission des rapports et le respect de ses engagements internationaux, ce qui a valu au Niger d'être cité comme un *« modèle des bonnes pratiques »* en matière de respect des droits humains lors de la 17e session du conseil des droits de l'homme des Nations Unies[27].

---

[27] « Bilan de 10 ans de mise en œuvre du programme de renaissance », mars 2021, p. 50.

C. La création des établissements publics sous tutelle

La création des établissements publics à caractère administratif (EPA) sous tutelle technique du ministère de la Justice a été aussi remarquée ces dernières années. Si la majorité de ces établissements ont été créés pour se conformer aux exigences et engagements internationaux ainsi que pour la mise en œuvre de la PNJDH, il y a lieu de s'interroger sur leurs attributions, la réalité de leur fonctionnement et leur pertinence.

Il s'agira de voir principalement le cas de la Haute autorité de protection des données à caractère personnel avant d'évoquer certains autres EPA subsidiairement.

1. La Haute Autorité de protection des données à caractère personnel (HAPDP)

La Haute Autorité de protection des données à caractère personnel (HAPDP) est une autorité administrative indépendante, créée par la loi n° 2017-28 du 3 mai 2017, complétée par la loi 2019-71 du 24 décembre 2019. Elle est chargée de veiller à la conformité des traitements des données à caractère personnel aux dispositions des textes en vigueur et des conventions internationales ratifiées par le Niger. Elle veille à ce que le traitement et l'usage des données à caractère personnel ne portent pas atteinte aux libertés publiques ou ne comportent pas de menace à la vie privée des citoyens, en particulier dans l'utilisation des technologies de l'information et de la communication. Cette structure souffre de nombreux défis depuis sa création :

- Absence de formation continue des membres et du personnel ;
- Méconnaissance de la loi et des procédures par les responsables de traitement et les personnes concernées ;
- Absence d'un budget suffisant (avec le niveau actuel des ressources, la HAPDP ne pourra pas renforcer

l'effectif de son personnel et acquérir les équipements nécessaires à son fonctionnement).

Il faut aussi relever que le cadre juridique national de protection de données personnelles ne prend pas en compte la situation des personnes morales. D'où la nécessité de tendre vers leur prise en compte dans le processus.

En dépit de ces difficultés, la protection des données à caractère personnel est en train de prendre forme grâce à une volonté politique forte, mais aussi avec la ferme détermination de l'Autorité de protection. Toutefois, la question de la transversalité des attributions de la HAPDP est évoquée par ses responsables pour souligner le peu de pertinence de son rattachement au ministère de la Justice. En effet, plusieurs ministères sont susceptibles d'assurer la tutelle de cette autorité. C'est le cas du ministère en charge des Télécommunications et du ministère en charge de l'Intérieur. C'est pourquoi suivant une réforme légale portée par la loi 2022-59 du 16 décembre 2022 relative à la protection des données personnelles, la HAPDP a été rattachée au cabinet du Premier ministre avant qu'une autre loi n° 2023-31 du 23 juillet 2023 ne la rattache à la présidence de la République.

2. Les autres établissements publics à caractère administratif

Il s'agit sous ce point, d'une part, de l'Agence centrale de gestion des saisies, des confiscations, des gels et de recouvrement d'avoirs (ACGSCGRA) qui est un établissement public à caractère administratif (EPA) sous tutelle du ministère de la Justice, créé par le décret 2017-599/PRN/MJ du 13 juillet 2017. L'ACGSCGRA est chargée d'assurer la gestion des biens saisis, confisqués, gelés et le recouvrement des avoirs dans des procédures pénales.

D'autre part, suivant le décret n° 2020-773 PRN/MJ du 16 octobre 2020, il a été créé un établissement public de financement de la justice dénommé « Fonds d'appui à la justice » (FAJ) qui a pour mission de promouvoir l'investissement public et privé dans le domaine de la justice à travers la mobilisation des fonds pour financer et soutenir le financement des services judiciaires et pénitentiaires ainsi que l'assistance juridique et judiciaire pour un meilleur accès à la justice et la modernisation du système carcéral.

Ces deux établissements ont été créés dans le cadre de l'objectif de la mobilisation des ressources et financements du secteur de la justice à travers les recettes des régies. Si le FAJ peine à être opérationnel, bien que les textes relatifs aux ressources qu'il est censé mobiliser aient été pris[28], l'ACGSCGRA, elle, a commencé à se faire remarquer dans le paysage institutionnel du ministère de la Justice. Toutefois, ses actions ne sont pas souvent conduites avec efficacité, du fait de nombreuses contingences telles que le manque de personnel qualifié et le peu d'orthodoxie dans la gestion des biens sous main de justice ou confisqués aussi bien par cette institution que par l'appareil judiciaire. En effet, il a été relevé, d'une part, que de nombreux biens sous main de justice sont mal répertoriés et/ou stockés/sécurisés par les acteurs judiciaires au point où ils perdent une bonne part de leur valeur marchande rapidement, et, d'autre part, des ventes aux enchères des véhicules et autres biens sous scellés ont été conduites dans des nombreuses juridictions sous l'auspice de l'ACGSCGRA sans respect strict des règles procédurales et financières[29].

Par ailleurs, en vue de la mise en œuvre de la politique pénitentiaire et de réinsertion dont le document et le plan d'action quinquennal ont été adoptés par le décret n° 2020-294PRN/MJ du 17 avril 2020, un établissement public à

---

[28] Décret n° 2023-113/PRN/MJ du 26 janvier 2023 portant création du FAJ et ses textes subséquents.
[29] Selon plusieurs acteurs judiciaires interviewés.

caractère administratif dénommé Agence nationale des alternatives à l'incarcération et de la réinsertion (ANAIR), a été créé suivant décret n° 2020-665/PRN/MJ du 26 août 2020. Sa mission est principalement la mise en œuvre du Travail d'intérêt général (TIG) et des autres alternatives à l'incarcération et la réinsertion. Mais il a été procédé à sa suppression par décret n° 2021-481/PRNMJ du 17 juin 2021 aux motifs que ses attributions sont dévolues aux juridictions et aux services pénitentiaires, avant même qu'il ne commence à fonctionner effectivement. Pourtant, l'objectif d'une humanisation du milieu carcéral par la réduction de la surpopulation et le respect des droits des détenus justifie amplement la création de cette structure qui devait être le bras ouvrier de la mise en œuvre des politiques publiques en la matière, en tant que structure de mission.

Comme on peut aisément en conclure, la structure qui détient le gouvernail de la justice nigérienne, censée apporter l'impulsion et les réformes nécessaires à un changement positif, semble affectée elle-même par des tares qui sont propres à entraver son action. Cependant, l'une des particularités du secteur judiciaire étant son indépendance, celle-ci aurait pu contribuer aisément à un service public de la justice vertueux à défaut d'être évolutif et adaptatif et contribuer à sa bonne gouvernance. Pourtant, dans ce domaine, des hiatus importants subsistent et écornent la gouvernance du secteur judiciaire.

différents corps à conduire eu égard à plusieurs constats qui sont faits au sein du secteur. En effet, les magistrats semblent méfiants vis-à-vis des structures de professionnels libéraux du domaine judiciaire (le barreau, la chambre des notaires et celles des huissiers) pendant que lesdits corps professionnels, à qui s'ajoutent les greffiers et autres agents judiciaires, reprochent aux premiers leur distance révélatrice de leur condescendance, elle-même tirée de la mauvaise conception par eux de l'imperium dont ils sont investis[58]. Il est évident que ces différents corps ont tout intérêt à mutualiser leurs efforts pour la défense de l'État de droit duquel leur corps de métier ainsi que l'État en général, tirent leurs fondements, et en l'absence duquel ils s'effondrent.

3. Le parquet nigérien, élément de remise en cause de l'indépendance de la magistrature ?

S'il faut, dans notre analyse, limiter les aspects sur lesquels le statut du parquet nigérien est en porte à faux aux prescriptions constitutionnelles d'une justice effectivement indépendante, on peut relever les deux domaines suivants : le pouvoir d'instruction individuel encore reconnu à la chancellerie et la procédure de nomination et de gestion de la carrière des magistrats du parquet.

Pour le premier point, s'il peut *a priori* paraître paradoxal d'admettre la notion de hiérarchie au sein de la justice, dès lors qu'elle implique une idée de subordination qu'il est difficile de concevoir dans ce domaine, il faut cependant accepter l'idée qu'elle est, en tant que service public, concernée. Le principe de hiérarchie touche à la fois les magistrats et les juridictions. Il permet de situer les responsabilités et donne une certaine cohésion au corps judiciaire.

Toutefois, cette hiérarchie a un caractère particulier et n'entraîne pas une dépendance du juge à l'égard de ses

[58] Source : interview d'acteurs et experts du domaine.

supérieurs hiérarchiques ou de sa juridiction vis-à-vis d'une juridiction supérieure, dans les décisions qu'il est appelé à rendre. Cependant, il faut nuancer ces propos, car ils ne sont exacts que lorsqu'il s'agit des juges du siège. En effet, tel n'est pas le cas pour les magistrats du parquet qui obéissent à d'autres règles à ce sujet. *« Le statut du parquet est un vieux serpent de mer du "droit constitutionnel juridictionnel" qui ressurgit épisodiquement que ce soit notamment à l'occasion des projets de réforme de la procédure pénale ou de différentes "affaires médiatico-judiciaires"*[59]. » Cette affirmation, faite ailleurs, est valable pour le parquet nigérien qui n'en est que la copie conforme[60]. En effet, la hiérarchisation et le rattachement du parquet nigérien à la chancellerie, et donc au pouvoir exécutif, ne sont que trop connus et font l'objet de multiples critiques. Ce rattachement est tiré principalement de l'art. 35 du Code de procédure pénale qui dispose que *« Le ministre de la Justice peut dénoncer au procureur général les infractions à la loi pénale dont il a connaissance, lui enjoindre d'engager ou de faire engager des poursuites ou de saisir la juridiction compétente de telles réquisitions écrites que le ministre juge opportunes »*, et de l'art. 32 du même texte qui ajoute que le ministère public est *« tenu de*

[59] GRANGER Marc-Antoine, Le parquet une autorité judiciaire indépendante ? p. 1 http://www.droitconstitutionnel.org/congresNancy/comN6/grangerT6.pdf, consulté le 4 janvier 2015.

[60] Suite à l'affaire dite des « bébés importés » notamment, les débats ont mis en exergue, à tort ou à raison, le lien de hiérarchisation entre le parquet et le ministre de la Justice. Voir le journal *La Tribune Afrique* en ligne du 13 février 2017, Niger : la scabreuse affaire de « trafic de bébés » revient sur la scène politique, disponible au https://afrique.latribune.fr/politique/2017-02-13/niger-la-scabreuse-affaire-de-trafic-de-bebes-revient-sur-la-scene-politique.html, consulté le 1er novembre 2023.

prendre des réquisitions écrites conformes aux instructions qui lui sont données... ».

Il y a lieu de poser la question de la constitutionnalité de ces dispositions, si on les rapproche de l'art. 118 de la Constitution du 25 novembre 2010 qui dispose que *« dans l'exercice de leurs fonctions, les magistrats ne sont soumis qu'à l'autorité de la loi »*. En effet, si l'on ne peut contester la qualité de magistrat et d'autorité judiciaire aux membres du parquet nigérien[61], on peut légitimement craindre au regard de certaines de leurs attributions, notamment celles relatives à la privation de la liberté individuelle[62], une immixtion de l'exécutif dans les attributions générales de gardienne de la liberté reconnue à la justice, par le biais du parquet. Le commun de Nigériens a souvent vite fait d'attribuer, à tort ou à raison, l'arrestation de tel suspect au pouvoir exécutif ou à ses représentants. Ce qui inévitablement jette une ombre sur l'indépendance de la magistrature consacrée par la Constitution. Aussi, il y a lieu d'envisager une réforme du parquet à ce sujet pour l'adapter à un véritable État de droit où la séparation des pouvoirs, tout en impliquant la collaboration entre eux, exclut la possibilité pour l'un d'exercer, même de façon détournée les attributions de l'autre. Une réforme dans le sens de

---

[61] En tout cas en France, le Conseil constitutionnel réaffirme que l'autorité judiciaire comprend *« à la fois les magistrats du siège et du parquet »*. Cour. Cons., Décision n° 2011-125 QPC, 6 mai 2011, M. Abderrahmane L., *J.O.* 7 mai 2011.

[62] Si les principales attributions du parquet sont relatives à la représentation du ministère public auprès des juridictions, à l'exercice de l'action publique, à l'application de la loi, à l'appréciation de l'opportunité des poursuites, à l'exécution des peines exécutoires, il faut relever, et en particulier le procureur de la République ou tout magistrat agissant en qualité de parquetier d'instance, le pouvoir de contrôle de certaines mesures d'enquête privative de liberté à l'instar de la garde à vue qui leur est reconnue, et même la possibilité de décerner des mandats de dépôt contre des personnes poursuivies en matière de flagrant délit.

l'interdiction des instructions individuelles, comme cela a été adopté ailleurs, pourrait être un bon début[63]. En effet, la loi française adoptée le 10 juillet 2013, tout en reconnaissant que le ministre de la Justice *« conduit la politique pénale déterminée par le gouvernement »*, prescrit désormais qu'il n'*« adresse aux magistrats du ministère public (que) des instructions générales, qui sont rendues publiques. Il ne peut leur adresser aucune instruction dans des affaires individuelles. »* Mais le procureur général rendra compte au ministre avec des *« rapports particuliers qu'il établit soit d'initiative, soit sur demande du ministre de la Justice*[64]*. »*

En outre, il y a lieu, dans l'application des dispositions des art. 32 et 34 du Code de procédure pénale ci-haut rapportées, que les autorités investies du pouvoir d'instruction l'utilisent à bon escient en ne donnant que des instructions positives ; en effet, lesdits textes ne les autorisent pas à instruire les représentants du ministère public à s'abstenir de poursuivre, notamment, ce qui pourrait être déjà une avancée par rapport à la pratique actuelle dans laquelle, à tort ou à raison, des cas d'entrave à des poursuites sont rapportés.

Le deuxième aspect attentatoire à l'indépendance des magistrats du parquet nigérien est lié à la gestion de leur carrière. En effet, l'art. 119 de la Constitution du 25 novembre 2010 dispose en son alinéa 2 que *« les*

[63] Nous ne pensons toutefois pas qu'une séparation totale de la chancellerie du parquet soit une bonne chose. En effet, pour notamment préserver l'application égale de la loi sur l'ensemble du territoire national, le rapport entre eux est indispensable, à condition qu'il soit transparent.

[64] Le Parlement adopte la loi sur l'indépendance du parquet, in journal *Le Monde* du 16 juillet 2013, http://www.lemonde.fr/societe/article/2013/07/16/le-parlement-adopte-la-loi-sur-l-independance-du-parquet_3448585_3224.html, consulté le 4 janvier 2014.

magistrats du parquet sont nommés par le président de la République sur proposition du ministre de la Justice, garde des Sceaux » ; quant à l'art. 59 de la loi 2018-36 du 24 mai 2018 portant statut de la magistrature, il indique que les magistrats du ministère public sont notés par le ministre de la Justice (sur cet aspect, nous nous y attarderons plus loin), et l'art. 72 de la même loi lui permet de suspendre d'office un magistrat du parquet objet de plainte sans requérir un quelconque avis d'un autre organe[65]. Ces dispositions sont de toute évidence de nature à fragiliser le parquet par rapport à la chancellerie[66] et font inféoder le parquet nigérien à l'exécutif par le biais du ministre de la Justice. Par conséquent, un pan entier de la magistrature nigérienne voit de ce fait son indépendance aliénée ; ce qui ne manque pas de rejaillir, au moins au sein de l'opinion publique, sur le reste du corps de la magistrature.

Des réformes sont ici nécessaires, notamment pour faire en sorte que les magistrats du parquet voient leurs affectations soumises à l'avis conforme du Conseil supérieur de la magistrature comme c'est le cas au Sénégal[67] avec lequel le Niger partage la même tradition judiciaire et prescrit la soumission de la décision de la suspension des magistrats du parquet à l'avis conforme du procureur général près la Cour de cassation, par exemple.

---

[65] Cette loi conditionne la suspension, tout simplement à un rapport circonstancié de l'inspection générale des services judiciaires et pénitentiaires ou du chef de la juridiction à laquelle le magistrat en cause est rattaché (art. 72).

[66] En 2006, le ministre de la Justice Maty Elh Moussa avait usé de ces dispositions pour faire remplacer des procureurs pour fait de grève et même envisager d'engager des poursuites disciplinaires contre eux.

[67] La Constitution sénégalaise dispose en son art. 80 ter que *« Les magistrats autres que les membres du Conseil constitutionnel sont nommés par le président de la République après avis du Conseil supérieur de la magistrature. »*

À ces aspects relatifs aux éléments structurels menaçant l'indépendance du pouvoir judiciaire nigérien, s'ajoutent ceux liés à la personnalité du juge nigérien.

B. La personnalité du juge nigérien, entre fierté et indigence

Lorsqu'on cherche à prendre la mesure de la situation de l'indépendance du juge nigérien, il faut certainement interroger les textes et la pratique relatifs à la gestion de sa carrière (2) mais aussi voir la représentation que le juge se fait de sa fonction dans son comportement au sein de la société et de son corps (3) et enfin voir l'idée qu'en fait le pouvoir politique par le biais des conditions matérielles et financières dans lesquelles le juge est mis (1).

1. Des mauvaises conditions matérielles et financières

Autant, on ne peut concevoir un État véritablement démocratique sans une justice indépendante des autres pouvoirs, autant une justice fiable ne peut être rendue sans une véritable sérénité du juge. Celle-ci découle nécessairement de moyens aussi bien matériels que financiers dont il dispose. Il apparaît que ces moyens manquent au juge nigérien de façon globale. Cette affirmation peut paraître osée quand le commun des Nigériens a toujours perçu le juge nigérien comme ayant le plus haut salaire parmi les fonctionnaires[68].

Mais, d'une part, l'indigence du juge nigérien est palpable quand on explore les conditions matérielles dans lesquelles il évolue ; en effet, le budget alloué au ministère de la Justice n'a jamais dépassé 1 % du budget général de l'État. Il s'ensuit un manque considérable de moyens

[68] Cette perception est fausse quand on parle de revenus légaux en général ; en effet, les agents du secteur des finances et ceux des administrations spéciales viennent en réalité loin devant les juges.

matériels : les immeubles et mobiliers sont insuffisants[69], exigus et vétustes[70], les ordinateurs pour permettre la rédaction rapide des jugements et autres actes liés aux décisions de justice, ne sont guère en nombre suffisant ce qui contribue largement à la lenteur chronique de la justice et les conséquences qui s'ensuivent quant à l'exigence d'un *« délai raisonnable »* pour les jugements des affaires pénales, pour ne citer qu'elles, et ses corollaires de surpopulation carcérale notamment. Les moyens roulants sont presque inexistants[71], ce qui oblige le juge, pour le besoin de transports judiciaires notamment, à faire recours au système de réquisition auprès d'autres administrations publiques, par le biais des représentants du pouvoir exécutif[72], et cela entame certainement son indépendance.

D'autre part, la situation financière même des magistrats ne leur épargne pas d'éventuelles pressions. S'il est vrai que le niveau élevé de revenus n'est pas une condition absolue

---

69 Il faut tout de même noter des efforts considérables faits par le Programme d'appui à la justice et à l'État de droit (PAJED) pour doter nos juridictions de locaux modernisés et suffisants.

70 Beaucoup sont les juridictions dans lesquelles les magistrats sont obligés d'être à plusieurs dans le même bureau ; c'est le cas dans une juridiction aussi importante que la Cour d'appel de Niamey dans laquelle travaillent des magistrats qui ont un parcours de plus de quinze ans et ont eu à occuper des postes de responsabilité qui leur ont donné droit à bien de meilleures conditions de travail antérieurement ; alors même qu'exerçant à la Cour d'appel, ils sont censés avoir gravi des échelons dans le corps !

71 À la fin de l'année 2012, le parc automobile du ministère de la Justice ne comptait que 52 véhicules dont seulement 42 en bon état. Voir rapport général des États généraux de la justice tenue du 26 au 30 novembre 2012 à Niamey, p. 49. Il y a eu certainement des améliorations mais pas à la hauteur des besoins d'une justice rendue avec célérité.

72 À ce sujet, voir l'excellent article de GAYAKOYE Sabi Abdourahame « La justice de la débrouillardise » qui reste encore d'actualité, in la *Revue juridique du syndicat autonome des magistrats du Niger* (SAMAN), numéro de juin-juillet 2005.

de l'intégrité, il met tout de même les honnêtes magistrats à l'abri de la précarité, synonyme de manque de sérénité. Les magistrats nigériens reçoivent une rémunération faible pour la haute fonction qu'ils occupent, même si l'on note un effort des pouvoirs publics pour améliorer la situation. En effet, elle ne permet que peu ou prou de préserver la *« notabilité »* inhérente à leur fonction auprès de ceux qui les saisiraient éventuellement pour rendre la justice ou vis-à-vis de ceux qu'ils auraient condamnés. Peut-on vraiment concevoir qu'un juge, qui décide sur la liberté et sur les biens des justiciables, soit obligé de louer une maison auprès de ceux-là alors qu'il est susceptible de connaître de leurs affaires ? La situation est pourtant courante même dans des petites localités où le juge est facilement identifié ; un tel juge bénéficiera difficilement de toute l'autorité nécessaire dont il aura besoin pour exercer en toute indépendance sa profession.

À cet aspect s'ajoutent deux autres qui entament l'indépendance du juge ; il s'agit de la trop lente évolution de son revenu et de son droit à la pension soumis jusqu'à récemment à un délai d'exercice très long. En effet, si d'aucuns peuvent se satisfaire du revenu du juge nigérien débutant dans le corps, la polémique n'a pas lieu sur la question de la courbe de la progression du revenu. Ainsi, il est très étonnant de voir qu'il n'y a pas un grand écart entre le revenu d'un magistrat ayant plus de douze ans d'exercice, qui est donc au deuxième grade et celui d'un magistrat débutant. Et cela induit une dégradation du niveau de vie du magistrat alors même qu'il avance en échelon. Cela s'explique aisément quand on sait qu'avec l'ancienneté, les responsabilités et les charges sociales et professionnelles croissent considérablement d'une part, et que, d'autre part, le croît du revenu est très faible. Le ratio entre les deux ne s'en retrouvera que dégradé. Cet aspect explique sans doute le manque d'attrait des Cours d'appel pour les magistrats nigériens, ainsi que les suspicions, à tort ou à raison, faites souvent à l'endroit des compositions desdites juridictions[73]. La solution se trouve inévitablement dans l'institution d'une indemnité spécifique de judicature pour les magistrats exerçant dans les Cours d'appel ainsi que la révision à la hausse de la valeur du point indiciaire général accordé aux magistrats.

Il faut relever que la loi 2018-36 a revu à la baisse le nombre d'années d'exercice par le magistrat requis pour bénéficier des prestations relatives au fond de la retraite qui est ramené de vingt-cinq (25) ans à quinze (15) ans, s'alignant aux conditions plus avantageuses fixées par le statut général de la fonction publique[74].

À ces problèmes, s'ajoutent un manque de personnel et un déficit en matière de formation et de documentation, alors même qu'ils sont indispensables pour une justice fiable. Et, comme si cela ne suffisait pas, la gestion de la carrière des juges, inappropriée au regard de l'exigence de leur indépendance, viendrait y jeter une ombre supplémentaire.

2. Une gestion inappropriée de la carrière du juge nigérien

La confiance des usagers en leur justice ne peut être acquise et/ou consolidée que lorsque des modalités de la gestion de leur carrière permettront aux juges les plus aptes d'accéder aux grades et aux fonctions supérieures. Le risque est grand, en effet, lorsque la carrière du juge est gérée au gré des accointances que son indépendance soit entamée et que la méfiance s'installe chez le justiciable ; alors même que, selon la formule célèbre de Balzac, *« se méfier de la magistrature et mépriser les juges, c'est le*

---

[73] Interview avec des acteurs judiciaires.

[74] Art. 85 : de la loi n° 2018-36 du 24 mai 2018, portant statut de la magistrature.

commencement de la dissolution sociale. »[75] Il ne s'agit pas pour nous de nous attarder sur l'aspect du recrutement des juges[76] ou du mode de leur avancement d'échelon, mais d'aborder plutôt la question sur la notation et la promotion au grade ainsi que sur l'impunité qui règne dans la magistrature nigérienne.

Mais, d'emblée il faut relever qu'il est pour le moins surprenant que jusque-là, aucun plan de carrière n'ait été élaboré pour la magistrature nigérienne[77] ; ce qui a dû favoriser une mauvaise gestion du personnel. Ainsi, il a été constaté, dans une période récente, que des magistrats très expérimentés et compétents y compris ceux à qui rien n'est reproché sur les plans techniques, éthiques ou déontologiques, sont restés en dehors de toute position statutaire[78], sans poste d'affectation, au chômage de fait, tout en percevant leur salaire. Toutefois, il semble que les autorités de la chancellerie aient pris la mesure de l'importance du plan de carrière et ont engagé des

---

[75] Honoré de BALZAC, *Splendeur et misère des courtisanes*, Édition de référence : Paris, Alexandre Houssiaux, Éditeur, 1855, page 628.

[76] On peut utilement à ce sujet se référer à l'excellente étude d'Oumarou HAMANI, « L'administration des carrières des magistrats au Niger, une ethnographie du conseil supérieur de la magistrature », *LASDEL, études et travaux*, n° 70, décembre 2008 ; publié sur http://www.ifeas.uni-mainz.de/workingpapers/Arbeitspapiere.html

[77] Les États généraux de la justice avaient fait une recommandation dans ce sens. Voir rapport général des états généraux de la justice tenue du 26 au 30 novembre 2012 à Niamey, p. 16.

[78] L'art. 41 de la loi 2018-36 du 24 mai 2018 portant statut de la magistrature dispose que » tout magistrat est placé dans l'une quelconque des positions suivantes :

1) En activité ;
2) En service détaché ;
3) En disponibilité ;
4) Hors cadre ;
5) Sous les drapeaux. »

réflexions à ce sujet[79] en même temps qu'elles veillent à ce qu'il n'y ait plus de magistrat qui soit en dehors des positions statutaires.

Sur la question de notation du juge nigérien, ensuite, il est déplorable que des critères objectifs ne soient pas apparemment pris en compte par les autorités de notation. Ainsi, il est très courant de voir dans une juridiction donnée que tous les juges ayant fait l'objet de notation de la même autorité ont la même note, souvent très élevée autour de 16 à 18 sur 20 ; ce qui assurément n'est pas objectif et constitue un dévoiement de l'esprit de la notation[80]. En effet, si le nombre de décisions rendues ne peut pas être une base objective (du fait qu'une seule décision très complexe rendue vaille au juge un investissement intellectuel plus important que celui fait pour plusieurs décisions simples), l'assiduité et/ou l'autorité et le sérieux dans la tenue des audiences ainsi que les délais de rédaction des décisions et autres réquisitoires peuvent valablement servir de base[81]. En tout cas ailleurs, c'est le terme même de *« notation »*, qui cache mal un caractère trop discrétionnaire et le risque d'arbitraire de l'autorité hiérarchique, qui a été remplacé par *« l'évaluation de l'activité professionnelle de chaque*

---

[79] En janvier 2015, s'est tenu à Niamey, sous l'égide du ministère de la Justice, un atelier de validation d'une étude sur l'élaboration d'un plan de carrière du juge nigérien conduit par le Pr Ndaw DIOUF. Ce travail semble désormais en voie d'être adopté en tant que plan officiel de carrière du magistrat nigérien selon des sources à la chancellerie (novembre 2023).

[80] C'est la note qui doit être prise en compte comme critère principal pour l'affectation à des postes de responsabilité, ce qui n'est pas le cas aujourd'hui.

[81] Une réforme du bulletin de notes, suivant décret n° 2019-195/PRN/MJ du 15 avril 2019 a conduit à modifier les critères de notation en les désagrégeant et en les spécifiant selon les fonctions occupées par le magistrat, ce qui est une avancée significative dans le domaine, pour peu que l'autorité de notation veuille être objective dans l'attribution des notes.

magistrat »[82], introduisant ainsi une plus grande transparence dans la notation du juge.

Il faut relever que la loi 2018-36 du 24 mai 2018 portant statut de la magistrature a prévu des dispositions propres à remédier aux principaux problèmes dans la notation des magistrats au Niger. Cette loi a, en effet, prévu un nouveau système de notation et d'avancement des magistrats, qui prend en compte le mérite et la performance[83], et se démarque de l'ancien qui consacre des notations et avancement plus ou moins subjectifs. Ainsi, en plus d'une appréciation globale de la hiérarchie de rattachement, il est attribué annuellement une note pour un nombre de critères détaillés, qui sont différents selon la fonction occupée. La somme de ces notes va constituer la note annuelle chiffrée (sur 20)[84] attribuée à chaque magistrat en activité[85].

Néanmoins, l'aspect le plus critiquable dans la notation des magistrats nigériens, et qui est le corollaire de l'inféodation du parquet à l'exécutif, est celui de la notation des membres du ministère public par le ministre de la Justice[86]. Cette situation ne risque-t-elle pas de mettre davantage les parquetiers nigériens en position de fragilité et de soumission ? Que dire de la possibilité pour la chancellerie de nommer au parquet tout magistrat de siège

---

[82] Il s'agit d'une réforme introduite par un décret du 7 juin 1993 en France ; toutefois il a été estimé que *« quels que soient les termes utilisés, on se trouve ici en présence d'un problème assez irritant, dont on comprend certes la nécessité, mais qui introduit un ferment de sujétion que l'on n'évoque jamais sans une certaine gêne quand on pense à la dignité du juge et à son indépendance... »* R. PERROT, *Institutions judiciaires*, Montchrestien, douzième édition, 2006, p. 79.

[83] Art. 58 de la loi 2018-36 du 24 mai 2018 portant statut de la magistrature.

[84] Art. 58 et 59 de la loi n° 2018-36 du 24 mai 2018 portant statut de la magistrature.

[85] Art. 3 du décret n° 2019-195/PRN/MJ du 15 avril 2019.

[86] Art. 59 de la loi 2018-36 du 24 mai 2018 portant statut de la magistrature.

faisant preuve de trop d'indépendance à son goût, en évoquant la nécessité de service, et ainsi le mettre au pas ? En tout cas, ce pouvoir de notation de la chancellerie rend inopérant le principe qui voudrait que seule la plume *« est serve et que la parole est libre »* chez bon nombre de magistrats qui se soucieraient plus de leur carrière personnelle que de la défense de l'indépendance du pouvoir judiciaire. Il serait judicieux de faire en sorte que la notation des parquetiers fasse l'objet de réformes pour réduire, voire éliminer l'influence de la chancellerie sur ces magistrats par le biais de la notation. Les seules notes attribuées par les procureurs généraux pourraient suffire, par exemple.

En outre, la carrière du juge pour l'avancement en grade étant soumise à l'inscription au tableau dressé par une commission prévue à cet effet[87], on s'attend à une sélection rigoureuse par ledit organe au regard des critères dégagés par les articles 63 à 65 de la loi 2018-36 du 24 mai 2018 portant statut de la magistrature. Il n'y a pas eu de reproches particuliers faits quant à la sélection des magistrats à inscrire au tableau d'avancement, même si quelques interrogations ont été posées sur la qualification de certains et l'ajournement d'autres. Néanmoins, la loi 2018-36 a consacré une avancée dans le système d'avancement. Elle a, en effet, consacré l'élection de certains membres, magistrats de la commission d'avancement par leur pair, en lieu et place de l'ancien système qui autorise le ministre de la Justice à désigner ces membres sans aucun critère objectif de sélection en droit positif. Le système d'élection[88] ainsi mis en place parait plus inclusif et permet aux magistrats de participer pleinement à la gestion de leur carrière.

---

[87] Art. 60 de la loi 2018-36 du 24 mai 2018 portant statut de la magistrature.

[88] Art. 62 de la loi n° 2018-36 du 24 mai 2018 portant statut de la magistrature.

Toutefois, il a été constaté que la trop aléatoire périodicité de réunion de cet organe a conduit à un retard excessif pour le passage au grade supérieur de certains magistrats. Cela a eu pour conséquence de les priver de la possibilité d'aspirer à des fonctions relevant d'un grade supérieur, aux critères d'accession desquels ils répondent pourtant, faute d'avoir été inscrits au tableau d'avancement par la commission.

Par ailleurs, il faut relever que la loi 2018-36 a procédé à la réduction du nombre d'échelons du 3e grade de sept (7) à six (6) échelons[89] en vue de permettre d'équilibrer la pyramide des différents grades du corps de la magistrature qui avait tendance à s'élargir à la base, la proportion des magistrats du 3e grade étant très élevée dans le corps, alors que seuls ceux du 2e grade, qui sont en sous-effectifs, doivent occuper certaines fonctions. Cependant, en réduisant le nombre d'années pour le passage au 2e grade, avec un noble objectif, les nouvelles dispositions légales ont entraîné une rupture d'égalité devant la loi en faisant bénéficier seulement ceux qui n'avaient pas encore franchi le 2e grade de leurs avantages, entrainant par ce fait qu'ils rattrapent leurs ainés de plusieurs années, et prétendre aux mêmes responsabilités. Il eût fallu que la loi puisse prévoir un avancement d'échelon pour ceux qui sont déjà passés au second grade afin d'éviter la frustration, préjudiciable à la motivation au travail, d'un nombre important de magistrats qui voient leurs cadets les rattraper en grade, sans qu'ils n'aient fait l'objet de sanction disciplinaire.

3. Une mitigée appréciation du comportement du juge nigérien sur le plan éthique et déontologique

Au Niger, comme presque partout ailleurs, le juge est devenu le garant ultime des valeurs démocratiques en même temps que les attentes des justiciables dans le renforcement

[89] Art. 38 de la loi 2018-36 du 24 mai 2018 portant statut de la magistrature.

de son indépendance se sont accrues et leurs demandes en justice se sont diversifiées. Si l'indépendance du juge dépend de plusieurs facteurs, il est évident que sa crédibilité en est un. Et celle-ci dépend pour beaucoup du respect par le juge de son serment[90].

Nul doute, nombreux sont les magistrats nigériens (peut-être une grande majorité) qui font preuve journellement d'une compétence et d'un comportement exemplaire dans l'exercice de leur fonction[91] comme à l'extérieur de leur service. Mais ce n'est pas toujours le cas de tous. L'éthique ainsi que le respect de la déontologie de certains sont déplorables ; ce qui conduit à jeter une ombre sur l'ensemble du corps. En effet, le déficit de confiance envers la justice que cela suscite chez certains justiciables est de

---

[90] L'art. 8 de la loi 2018-36 du 24 mai 2018 portant statut de la magistrature dispose que « tout magistrat, lors de sa nomination à son premier poste et avant d'entrer en fonction, prête serment dans les termes suivants :

"Je jure devant Dieu et devant les Hommes de :

- remplir fidèlement mes fonctions ;
- respecter les lois et règlements en vigueur conformément à la Constitution ;
- respecter les droits de l'Homme et les libertés des citoyens ;
- respecter les règles de probité, d'impartialité, de neutralité et d'intégrité ;
- ne prendre ni cautionner aucune mesure avilissante pour la dignité humaine ;
- garder le secret des délibérations ;
- me conduire en tout comme un digne et loyal magistrat.

En cas de parjure, que je subisse les rigueurs de la loi" ».

[91] Le cas de la Cour constitutionnelle nigérienne n'est que trop connu, y compris sur le plan international, elle qui a contre vents et marées défendu l'État de droit incarné par la Constitution et contribué à faire barrage à sa modification illégale en vue de la prolongation du mandat du Président Tandja Mamadou et la possibilité d'en faire un troisième. Voir, par exemple, https://www.jeuneafrique.com/159821/politique/la-cour-constitutionnelle-annule-le-projet-de-r-f-rendum-de-tandja/

nature à détériorer l'image de l'institution ainsi que la perception de son impartialité et de son indépendance.

Il faut préciser, comme l'a écrit Guy Carcassonne que « *La déontologie renvoie à des règles, une discipline, qui éclairent sur la bonne manière d'user de sa liberté. L'éthique, elle, pour adopter une formule d'Antoine Garapon, "prend le relais de la règle lorsque celle-ci ne peut entrer dans les méandres de la vie" ; où la liberté rend nécessaire l'appel à la déontologie, c'est la responsabilité qui mobilise l'éthique*[92]. » Aujourd'hui, l'indépendance de la magistrature est moins menacée par le pouvoir politique que par la dégradation du respect de la déontologie et de l'éthique par le juge nigérien.

C'est connu, la responsabilité est la contrepartie légitime de la liberté. Aussi, il est impérieux que lorsque, comme c'est le cas en l'occurrence, les dispositions légales et réglementaires ont aménagé un cadre d'indépendance au juge, qu'il fasse preuve de responsabilité pour accomplir et mériter son rôle social. Il a été relevé que *« le système judiciaire au Niger recueille le niveau de confiance publique le plus élevé sur 36 pays africains enquêtés en 2014/2015. Quand bien même elles sont considérables, les perceptions de corruption parmi les juges sont inférieures aux moyennes régionales et continentales. Parmi les 9 % de Nigériens qui rapportent avoir eu affaire au système judiciaire durant les cinq années précédentes, les problèmes les plus fréquemment évoqués sont les longs délais et la complexité du système »*[93]. Cependant, cette assertion quoique plausible ne doit pas occulter les tares du

[92] Guy CARCASONNE, professeur de droit public, Université de Paris X-Nanterre dans le rapport introductif du deuxième congrès de l'Association des hautes juridictions de cassation des pays ayant en partage l'usage du français (AHJUCAF) avec pour thème « L'indépendance des juges », Dakar du 7 au 8 novembre 2007 ; p. 40 du rapport final.

[93] Enquête Afrobaromètre, 2017.

système judiciaire nigérien. Sur le plan de l'indépendance de la magistrature et de l'honorabilité du corps, qui sont indispensables à la bonne gouvernance dans le secteur judiciaire, il est ressorti de l'avis des acteurs et des observateurs, une dégradation croissante de la situation. Il est observé une politisation dommageable, une impunité grandissante et une qualification douteuse des magistrats.

Sur le plan de la politisation d'abord, le constat n'est pas seulement celui de l'interventionnisme politique dans les affaires judiciaires connues antérieurement, mais pire, d'une inféodation rampante du corps de la magistrature au politique. En effet, en l'absence d'un plan de carrière, peut-être expressément entretenu, en l'absence d'outils et de mécanismes efficients de notation, de contrôle et d'évaluation, les affectations et nominations à des postes de responsabilité se sont faites, ces dernières années, souvent sur la base de marchandage explicite ou tacite entre les magistrats, qui font des démarches et négocient leur nomination, et le milieu politique, qui a tout intérêt à voir des juges lui être redevables[94]. Il en est alors résulté une situation où un grand nombre de magistrats, sans mérite déontologique ou même technique, se sont vus confier des responsabilités de plus en plus élevées. Ce qui a entraîné une sorte de *ruée vers les passerelles* politiques pour accéder à des responsabilités au détriment de tout autre critère propre au corps.

Conséquemment, il est apparu ensuite une corruption et des attitudes indignes accrues dans le corps[95] (marchandage

---

[94] Il a été rapporté par nos interlocuteurs que des acteurs politiques, dans des discussions de salon, se gargarisent de revendiquer que *« tel juge est de notre camp, c'est nous qui avions œuvré pour sa nomination. »*

[95] En effet, le constat est que, sans doute conscients des garanties et des protections dont ils font l'objet par la loi, alors même qu'elles ne leur sont assurées que dans l'objectif de la crédibilité de l'institution de la justice, et par l'impunité complaisante dont ils bénéficient, certains

sur des dossiers, trituration de décisions, accointance avec des milieux suspectés de mains basses sur les biens publics ou des milieux de narcotrafiquants, soustractions de scellés de drogues, retards injustifiés dans le traitement des dossiers, etc.).

L'on est en droit alors de s'attendre à des sanctions pour arrêter ces dérives. Mais, il n'en a rien été alors même qu'il est inadmissible dans un État de droit d'envisager l'existence de l'impunité, considérée comme l'absence de la mise en cause de la responsabilité pénale et/ou disciplinaire, dans un corps qui est justement chargé de la combattre, comme la magistrature. Pourtant, l'impunité s'est bien installée dans la magistrature nigérienne.

En effet, le constat est que, d'une part, certains magistrats se sont vus reprocher des comportements indignes à l'honneur de leur fonction et ont fait l'objet de rapport de la part des autorités qui en sont chargées, sans que les procédures disciplinaires ou pénales requises n'aient été engagées. Les organes de poursuite disciplinaire, la chancellerie principalement, ont fait d'abord montre d'une attitude de sélectivité partiale dans le choix des personnes et des actes à sanctionner pour ensuite couvrir les méfaits des magistrats jugés proches de tels ou tels milieux politiques. Cette impunité a conduit à la dégradation du comportement éthique dans le corps. Ainsi, de nombreux

---

magistrats se sont donné des libertés incompatibles avec les exigences de leur fonction. Là, c'est un juge qui, pour des raisons inavouables, a pris une décision en violation flagrante des procédures et qui a conduit à des tueries ; ici, c'est un autre qui a accordé une liberté provisoire contre la remise par le bénéficiaire d'un bien de grande valeur ; ailleurs, il se rapporte qu'un autre a sollicité et reçu des fonds en alléguant une aide à l'institution et s'en est approprié le fruit ou que cet autre a gardé dans son bureau, l'on ne sait pour quelles fins, des scellés d'une très grande valeur durant des mois ; un autre a dû rembourser un montant important reçu pour intercéder pour une décision, sur injonction d'une autorité supérieure.

magistrats, qui étaient dissuadés de commettre des impairs du fait de la crainte des poursuites et de l'opprobre qui pourrait en résulter, se sont sentis libérés de cette limite et ont commis des actes de plus en plus répréhensibles. Une impunité grandissante s'est, de ce fait, installée dans le corps et a conduit à une dégradation de l'image du magistrat nigérien au sein de l'opinion publique.

D'autre part, le comportement déviant de certains magistrats n'a été sanctionné que par des affectations à d'autres postes de plus en plus élevés, parfois même, chose inadmissible, à la chancellerie où ne devraient plutôt se retrouver que les meilleurs puisqu'ils seront chargés de l'administration de tout le corps noble de la justice, lançant ainsi des signaux négatifs aux autres.

Cette impunité, en plus de ne pas encourager ceux qui, nombreux, s'échinent à respecter le devoir de leurs charges, contribue à l'avènement de juges redevables du pouvoir politique et dont l'indépendance est donc plus qu'illusoire. Cela conduit, entre autres, à une dégradation du respect de l'éthique et de la déontologie du juge nigérien.

Enfin, et c'est sans doute la conséquence de la corruption du corps, il est constaté une dégradation continue de la qualité technique des magistrats. Les efforts pour exceller semblent avoir quitté le corps et nombre de ses membres ne se remettent pas en cause du fait, justement, que leur qualité technique serait indifférente de leur accession à une quelconque responsabilité.

En outre, même s'il n'y a pas à confondre vie privée et activité professionnelle des juges, la réputation de ceux qui sont chargés de rendre la justice, qui est une vertu rappelons-le, tient une très grande place dans l'opinion publique. Certains comportements liés à la moralité des magistrats sont observés et décriés (alcoolisme y compris bagarres dans les bars, femmes y compris mineures), autoritarisme exagéré, conflits d'ego avec des collègues, insubordination à la hiérarchie administrative, indiscipline caractérisée. De telles données fragilisent inévitablement le magistrat qui s'y prête non seulement vis-à-vis de ses supérieurs et certainement aussi vis-à-vis des autorités politiques, avec pour conséquence des risques de perte d'indépendance.

Si pour certains des manquements ci-haut relevés, les réponses à leur donner sont simples, au moins dans leur énoncé sinon dans leur mise en œuvre, le magistrat corrompu doit ainsi être puni pénalement et exclu du corps, pour d'autres comment doit-on y répondre ? À quelle aune juger le magistrat trop ouvert à l'air du temps ou aux médias, à la mode vestimentaire, au langage « relâché » pour ne pas dire grossier ? Comment estimer le poids des habitudes culturelles, des environnements sociaux et familiaux, des influences vicinales, des attentes présumées de l'opinion publique exprimées sur les médias et réseaux sociaux notamment, toutes choses dont on sait qu'elles peuvent nuire à la sérénité, influencer le juge, attenter à son indépendance et entamer son impartialité ?

Dans ce contexte, une réflexion doit être engagée dans et sur la magistrature nigérienne afin de formuler des principes capables d'orienter la déontologie et de remédier aux difficultés y relatives. Un code d'éthique et de déontologie devrait être élaboré[96] non pas pour servir de code de discipline mais de guide pour les magistrats dans leurs comportements et actes de tous les jours. Il a antérieurement été noté une tentative d'élaboration de ce type d'outil par la corporation par l'organe du Syndicat autonome des magistrats du Niger (SAMAN) en 2007 ; il serait judicieux alors de partir de cette base pour ce faire.

---

[96] Cela a fait l'objet d'une recommandation des États généraux de la justice ; voir « Rapport général des États généraux de la justice tenue du 26 au 30 novembre 2012 à Niamey », p. 16.

Par ailleurs, il n'est pas inutile de réaffirmer toute l'importance d'un tel outil. En effet, le magistrat doit démontrer, par son intégrité, qu'il est digne de décider de l'exercice des droits essentiels des individus ainsi que sur leurs biens. Plus que tout autre agent public, il est tenu à la probité et à la loyauté ainsi qu'à un comportement moral exemplaire. De plus, par sa connaissance, en permanence renouvelée, des textes et des principes applicables, et par son souci de ne jamais renoncer à la protection des libertés individuelles dont il est le gardien, le magistrat affirmera la prééminence de l'État de droit. Telles sont, sans doute, quelques pistes d'indications déontologiques que ne manquerait pas de rappeler un tel code qui sera précieux pour la défense de l'indépendance de la magistrature nigérienne. À ce sujet, il a été écrit à bon escient que c'est d'abord là que *« réside finalement la garantie la plus sûre du devoir d'indépendance, dans le sens de la responsabilité qu'a le juge et dans l'envie qui est la sienne de le défendre contre toute mise en cause, intérieure comme extérieure »*[97] et que *« ce sens de la responsabilité s'acquiert, s'enseigne, car il ne naît pas toujours tout seul*[98]. *»*

---

[97] Guy CARCASSONNE, professeur de droit public, Université de Paris X-Nanterre dans le rapport introductif du deuxième congrès de l'Association des hautes juridictions de cassation des pays ayant en partage l'usage du français (AHJUCAF) avec pour thème « L'indépendance des juges » Dakar du 7 au 8 novembre 2007, p. 41 du rapport final.

[98] *Ibidem.*

Chapitre III.
L'inefficacité du mécanisme de redevabilité

D'une manière générale, le système judiciaire n'est soumis qu'à l'autorité de la loi et ne se doit rendre des comptes que devant la loi, dans le sens où les décisions qu'il prononce se doivent d'être conformes à la législation et ne sont donc pas arbitraires. Cependant, la justice étant rendue au nom du peuple, elle doit, comme les deux autres pouvoirs dans un État démocratique, rendre des comptes devant le public. Si la mission de contrôle de la redevabilité ainsi exigée vis-à-vis du public et exercée par un organe au sein du judiciaire ne pose pas de problèmes éthiques, celle faite par l'entremise d'un organe extérieur, qu'il relève du ministère de la Justice ou d'autres institutions étatiques, soulève la problématique de l'immixtion d'autres pouvoirs dans les activités du secteur judiciaire en cela que l'action de tels organes de contrôle peut servir à nuire à l'indépendance du judiciaire. Les mécanismes externes de redevabilité peuvent, en effet, exposer le judiciaire à des risques de harcèlement ou d'intimidation. Cependant, ne recourir uniquement qu'à des mécanismes internes de redevabilité pose la question de la légitimité et de la transparence du contrôle.

Quoi qu'il en soit, aux fins d'améliorer le fonctionnement du service public de la justice, un mécanisme adéquat de redevabilité est, qu'il soit interne ou externe, nécessaire. Il doit viser le contrôle du fonctionnement des juridictions et autres services judiciaires et le respect par les acteurs de leurs devoirs et attributions ainsi que les droits et libertés des citoyens et ainsi répondre aux attentes des justiciables. Le mécanisme doit aussi permettre de constater les différents manquements et autres insuffisances du système ainsi que la régularité des activités des magistrats et des juridictions tant au plan administratif que juridictionnel, et éventuellement d'engager la procédure de sanctions des acteurs fautifs.

Cependant, la PNJDH a fait le constat peu reluisant de la situation de l'Inspection générale des services judiciaires et pénitentiaires (IGSJ/P)[99], un des principaux organes de contrôle du secteur judiciaire. Il y a été relevé que *« L'inspection des services judiciaires doit être renforcée à l'effet de jouer véritablement son rôle »*. En effet, le secteur souffre de déficit dans le management des services qui est perceptible à travers :

- la faiblesse du contrôle juridictionnel et administratif exercé par les différents organes de contrôle (parquets, présidents des chambres d'accusation, chefs de juridictions, Inspection générale des services judiciaires, Inspection générale des établissements pénitentiaires) ;
- L'absence de code d'éthique de déontologie au niveau des différentes professions judiciaires ;
- La présence quasi permanente d'intermédiaires illégaux au niveau des juridictions, et que l'une des actions à entreprendre pour rétablir ou restaurer la confiance entre la justice et le justiciable consister à rendre effectif le contrôle juridictionnel et administratif des différents corps

---

[99] *« La situation actuelle laisse apparaître autant une mauvaise interprétation de la portée de leur indépendance que des violations et manquements graves à leur statut par les magistrats. Cet état de fait qui leur est imputable et ainsi qu'à certains pouvoirs, s'analyse en des empiétements de toute nature, des ingérences politiques, administratives et coutumières, des pressions sociales très fortes et en l'inobservation des règles d'éthique et de déontologie. Il se traduit aussi par des collusions frauduleuses et des atteintes graves à la probité et l'inféodation de certains magistrats au pouvoir politique. Ces différents travers sont en partie imputables aux conditions de vie et de travail des magistrats ainsi qu'à la faiblesse et à l'inefficacité des organes de contrôle. »* PNJDH, page 31.

de contrôle (parquets, présidents des chambres d'accusation, chefs de juridictions, Inspection générale des services judiciaires, Inspection générale des établissements pénitentiaires) ainsi que le contrôle légal prévu à cet effet.

Le cadre légal du contrôle de la magistrature nigérienne comprend aussi bien des organes internes au corps que des organes externes.

A. Les mécanismes de redevabilité extérieurs au secteur judiciaire

Il existe de nombreux organes, non spécifiquement dédiés au secteur judiciaire, mais susceptibles de conduire des inspections au sein du système, ce qui comporte le potentiel d'atteinte à l'indépendance de la justice, évoqué ci-haut, quoique tempéré parfois par les textes créant lesdits organes. S'il est utile de les évoquer, il ne paraît pas essentiel de s'y attarder. Il s'agit notamment de :

- L'Inspection générale d'État créée par le décret n° 97-272/PRN du 18 juillet 1997 et qui est placée sous l'autorité directe du président de la République ; elle exécute des *« inspections d'État »*. Le champ d'intervention de cette inspection est très large et l'article 2 du décret mentionne une activité pouvant s'exercer sur *« l'ensemble des services publics de l'État… »*. Toutefois, le décret en son article 3 que *« le contrôle exercé par l'Inspection générale de l'État ne peut porter atteinte à l'indépendance de la magistrature telle qu'elle est garantie par la Constitution »*. Il apparaît ainsi que l'exercice des fonctions de magistrat échappe au contrôle de cette inspection. Cependant, elle peut bien exercer son contrôle sur les aspects administratifs, organisationnels et financiers du fonctionnement des juridictions et des services qui y sont rattachés.
- L'Inspection générale de la gouvernance administrative, est, quant à elle, instituée par le décret

n° 2011-499 PRN/PM/SGG du 12 octobre 2011 et est selon l'article 3 dudit décret, *« chargée d'appuyer le secrétariat général du gouvernement à assumer sa clause générale de compétence... »*. Il est notamment précisé qu'elle est chargée *« d'appuyer les inspections des services en vue d'améliorer leurs performances »*. Eu égard au fait qu'aucune limitation du champ de compétence de cette inspection n'a été prévue par le texte, les juridictions sont potentiellement incluses dans son champ d'intervention.

Il faut ajouter à ces deux organes la Haute Autorité de lutte contre la corruption et les infractions assimilées (HALCIA), créée par la loi n° 2016-44 du 6 décembre 2016 portant création, missions, attributions, composition, organisation et fonctionnement de la Haute Autorité de lutte contre la corruption et les infractions assimilées. Cette institution a été supprimée par l'ordonnance 2023-09 du 13 septembre 2023, créant une nouvelle autorité (commission de lutte contre la délinquance économique, financière et fiscale (COLDEFF)) par les autorités issues du coup d'État militaire du 26 juillet 2023, alors même que ses performances et son utilité sont reconnues par tous.

La COLDEFF, de par son texte fondateur, a une compétence élargie à *« tous les faits de délinquance économique et fiscale »*[100] sur l'ensemble du territoire national. Elle couvre de ce fait le secteur judiciaire et est à même d'être considérée comme un mécanisme de veille à la bonne gouvernance dans ce secteur. Cependant, les reproches habituels faits aux mécanismes de gouvernance non spécifiquement judiciaires peuvent être faits à la COLDEFF. En effet, cette commission qui est un organe lié à l'exécutif[101] est susceptible d'interférer dans le domaine judiciaire et est de ce fait potentiellement attentatoire à

---

[100] Art. 2 de l'ordonnance 2023-09 du 13 septembre 2023.

[101] Elle est créée auprès du président du CNSP selon l'art. 1er de l'ordonnance 2023-09 du 13 septembre 2023.

l'indépendance de la justice. De plus, il faut relever que le pouvoir de transaction avec les délinquants économiques et fiscaux reconnus à cette institution, qui est, par ailleurs, sans limitation de proportion le plancher des montants dont la dissipation est reprochée aux mises en cause, est assorti de l'extinction de l'action publique. Il s'agit là d'une atteinte évidente à l'indépendance de la justice, qui même lorsqu'elle est saisie d'une affaire, devrait alors constater l'extinction de l'action publique, en cas de transaction conclue par la COLDEFF, quel que soit le stade de la procédure. Il s'agit d'une porte ouverte non seulement à la violation du principe de l'indépendance de la justice, qui n'aura aucun pouvoir d'appréciation souveraine de la sincérité et de la validité de la transaction faite par la COLDEFF. De plus, elle ouvre la voie à des possibles traitements non équitables aux justiciables, les transactions n'étant pas encadrées, et à des potentielles violations des droits de la défense. Des procédures conduites par la COLDEFF, potentiellement inéquitables, peuvent sans doute dans quelques années, après un retour à un État de droit, faire l'objet d'annulation par les juridictions qui pourraient être saisies. Cela rendra le travail, que la commission accomplirait, vain. Alors qu'il vise à faire rentrer l'État dans ses droits, il est susceptible de lui coûter plus cher qu'il ne lui aura rapporté, les recours qui s'exerceront pouvant conduire à des condamnations de l'État au paiement de lourds dommages et intérêts en sus des restitutions qui pourront être ordonnées.

B. Les mécanismes de redevabilité au sein du secteur judiciaire

Les mécanismes d'inspection dédiés spécifiquement au système judiciaire sont de divers ordres. Le premier palier est constitué des chefs des juridictions auxquels la loi en a donné attribution. Outre ce mécanisme, les deux plus importants organes de redevabilité du secteur judiciaire au Niger sont l'Inspection générale des services judiciaires et pénitentiaires (IGSJ/P) et le Conseil supérieur de la magistrature (CSM). Celui-là est un organe qui peut mener aussi bien des inspections pédagogiques pour relever les hiatus du fonctionnement des institutions judiciaires que des inspections administratives en vue d'enquêter sur les manquements des acteurs judiciaires à leur devoir. Celui-ci, quant à lui, outre ses attributions relatives aux affectations ci-haut évoquées, est l'organe disciplinaire du corps de la magistrature, pilier des organes judiciaires.

1. Les mécanismes de contrôle interne : les chefs des juridictions et les magistrats attributaires de compétence

Il faut distinguer d'une part les attributions des présidents des juridictions et d'autre part celles des autres acteurs judiciaires.

Pour le premier aspect, ce sont les articles 3 et 4 de la loi n° 2018-36 du 1er juin 2018 portant statut de la magistrature qui confèrent aux présidents de la Cour de cassation, de la Cour des comptes, du Conseil d'État et des Cours d'appel, premiers présidents et procureurs généraux, ainsi que les présidents des tribunaux de grande instance et les procureurs de la République, la tâche d'inspecter les juridictions de leur ressort. Ces textes précisent que ces dirigeants des juridictions s'assurent, chacun en ce qui les concerne, de la bonne administration des services judiciaires et de l'expédition normale des affaires. Les articles 23 et 38 de la loi 2018-37 du 1er juin 2018 fixant l'organisation et la compétence des juridictions au Niger, respectivement, précisent que les présidents des Cours d'appel et des tribunaux de grande instance ont la charge, entre autres, de surveiller la discipline des magistrats de leur ressort sans toutefois enfreindre la liberté de décision du juge.

Le constat est que ce mécanisme est composé de plusieurs organes de contrôle des activités des juridictions et des juges. Si l'objectif de ce grand nombre d'acteurs judiciaires est sans doute de créer les conditions d'un contrôle interne permanent qui permettrait une remise en question constante de leurs actions par les acteurs judiciaires et ainsi préserver la probité et l'efficacité des actions de la justice, il est apparu que ce mécanisme fonctionne très peu. En effet, *« cette pléthore d'organes de contrôle n'empêche pas de grandes carences et de grandes faiblesses dans ces contrôles. »*[102] Eu égard à des nombreux motifs, notamment le non-exercice de leurs attributions en la matière par les acteurs, par méconnaissance ou complaisance, le manque de leadership des chefs des juridictions (n'ayant pas eux-mêmes du mérite technique et/ou moral), ou encore un manque de ressources humaines et matérielles suffisantes[103], ce contrôle interne est devenu quasi inexistant. Les chefs des juridictions se contentent souvent de procéder aux notations des acteurs à la fin de l'année. Ce qui est une sorte de contrôle *a posteriori* alors même qu'en amont, pour ceux des acteurs dont les défaillances sont relevées, une correction pourrait être apportée plus adéquatement. Un encadrement légal de ce contrôle, en instituant une périodicité et des actes obligatoires à accomplir régulièrement par les chefs des juridictions pourrait pallier le manque d'efficacité de ce

---

[102] Ministère de la Justice, « Rapport de l'audit de l'IGSJ/P », janvier 2019, p. 20.

[103] *« Dans le contexte actuel des services judiciaires du Niger, il faut considérer que la mission d'inspection des chefs de Cour, malgré l'existence d'un texte qui la prévoit, ne peut effectivement s'exercer. En effet, tout fait défaut actuellement : la ressource humaine (l'effectif de la Cour d'appel de Niamey est de 18 magistrats, alors qu'il y a huit chambres), la ressource matérielle et le savoir-faire »*, constatait le ministère de la Justice, in le « Rapport de l'audit de l'IGSJ/P », janvier 2019, p. 20.

mécanisme de proximité qui est si important pour le partage d'expériences et la correction des manquements aux devoirs des acteurs judiciaires.

Pour le second aspect, il s'agit des acteurs judiciaires autres que les chefs des juridictions qui se sont vus attribuer des compétences dans le contrôle d'autres services relevant du secteur judiciaire, principalement.

Dans ce cadre, d'une part, le Code de procédure pénale, son article 213, a investi les présidents de chambres d'accusation des Cours d'appel du mandat de s'assurer du bon fonctionnement des cabinets d'instruction du ressort de la Cour d'appel. Ils doivent vérifier, notamment, les conditions d'application des alinéas 3 et 4 de l'article 74 (commissions rogatoires et enquêtes de personnalité) et s'employer à ce que les procédures ne subissent aucun retard injustifié. Ce contrôle devrait s'effectuer par des visites périodiques des cabinets d'instruction par le président de la chambre d'accusation et par l'analyse des rapports périodiques des activités des cabinets d'instruction. En pratique, il semble que ces attributions ne sont pas exercées, sans doute pour des multiples raisons[104].

D'autre part, l'article 214 du CPP dispose que le président de la chambre d'accusation, chaque fois qu'il l'estime nécessaire, visite les établissements pénitentiaires du ressort de la Cour d'appel et y vérifie la situation des inculpés en état de détention préventive. Cette obligation aussi n'est que très peu exercée par les présidents des chambres d'accusation, qui allèguent le manque des moyens roulants et financiers[105]. Pourtant, les attributions

---

[104] Les acteurs, juges d'instruction, se plaignent du fait qu'ils ne reçoivent aucun retour sur les rapports et notices périodiques transmis, y compris aux présidents de la chambre d'accusation, pendant que les présidents des chambres allèguent le manque de moyens et la non-transmission des notices et rapports périodiques par les cabinets d'instruction. Source : entretien avec des acteurs.

[105] Entretien avec les acteurs.

du président de la chambre d'accusation en matière de contrôle des centres pénitentiaires sont très importantes pour les droits et les libertés des détenus notamment et sont très utiles pour la qualité des procédures. Elles peuvent être très bénéfiques pour la célérité des procédures et contribuer à réduire la surpopulation carcérale. Pour cela, il y a lieu de prévoir des ressources budgétaires ainsi que de mieux encadrer ces attributions en instaurant une périodicité et des rapports à dresser en vue de leur transmission à l'IGSJ/P, par exemple. Celle-ci pourra alors vérifier l'effectivité de l'exercice de leurs attributions par les présidents des chambres d'accusation en la matière.

Il faut relever que d'autres acteurs se sont vus attribuer compétence par la loi pour le contrôle des établissements pénitentiaires. Ainsi, l'article 17 de la loi n° 2017-08 du 31 mars 2017, déterminant les principes fondamentaux du régime pénitentiaire au Niger, dispose que *« Le procureur général a la surveillance des établissements pénitentiaires et veille à ce que personne n'y soit détenu illégalement »*. Il est ajouté que *« le juge d'instruction et le juge d'instance, une fois par mois, visitent les établissements pénitentiaires. Toutefois, le président de la chambre d'accusation, le procureur de la République, le procureur général, et le président du tribunal d'instance, chaque fois qu'ils l'estiment nécessaire, visitent à leur tour les établissements pénitentiaires »*. Cependant, ces dispositions légales qui instituent des mécanismes de contrôle, qui auraient pu être très utiles pour la bonne gouvernance dans le domaine judiciaire, pénitentiaire en particulier, ne sont pas suivies d'actions pratiques régulières par les acteurs. En l'absence de précisions sur la périodicité et la production de rapports et notices y relatives, les acteurs avouent ne prendre l'initiative de telles visites que rarement, lorsque des incidents particuliers sont signalés dans les centres pénitentiaires[106].

2. L'inspection générale des services judiciaires et pénitentiaires, organe interne principal de contrôle du secteur judiciaire

« Le principe d'indépendance des juridictions ne soustrait pas le magistrat [...] à l'obligation de rendre compte de son administration. »[107] L'indépendance de la justice ne fait pas obstacle à l'existence d'une inspection des juridictions, fût-elle placée auprès du ministre de la Justice, même si une méfiance toute compréhensible peut s'exprimer. Cet organe a existé depuis sa création par le décret n° 497 du 4 décembre 1993, organisant le ministère de la Justice et qui mentionne pour la première fois l'Inspection des services judiciaires. S'il n'a pas toujours brillé par ses résultats, ses textes de base ont fait l'objet de révision plusieurs fois ; le dernier texte en la matière est le décret n° 2019-304/PRN/MJ du 7 juin 2019, portant attributions, organisation et fonctionnement de l'inspection générale des services judiciaires et pénitentiaires. Cette réforme est intervenue pour prendre en compte le rapport diagnostic de l'IGSJ/P conduite en 2018. Celui-ci avait, en effet, relevé qu'il n'existe pas de texte complet traitant de l'organisation, du fonctionnement et des attributions du mécanisme qui en était chargé jusqu'alors, l'inspection générale des services judiciaires et pénitentiaires (IGSJ/P)[108]. Si cette réforme a attribué des nouvelles missions plus en adéquation avec le rôle attendu d'elle de

[106] Entretien avec les acteurs.

[107] Conseil d'État français, avis d'Assemblée générale du 19 février 2009. Voir https://www.legifrance.gouv.fr/ceta/id/CETATEXT000020288741/, consulté le 18 novembre 2023.

[108] Ministère de la Justice, rapport de l'audit de l'IGSJ/P, janvier 2019, p. 9.

mécanisme de redevabilité des services judiciaires au Niger, son rattachement organique au cabinet et le contrôle du ministre de la Justice, le défaut de disposer d'un pouvoir d'autosaisine et de conduite inopinée des inspections, de sa propre initiative, sont autant de facteurs qui entameraient son indépendance et ses capacités à assurer le rôle attendu d'elle. En outre, cette institution souffre d'un manque criant de personnel et de moyen budgétaires pour la mise en œuvre de ses activités[109].

De plus, sur le plan de son fonctionnement, des hiatus importants sont à relever. Si l'IGSJ/P a pour mission générale *« de vérifier la stricte application des textes législatifs et règlementaires par les services de l'administration centrale, les services déconcentrés, les programmes, les projets et les établissements publics sous tutelle du ministère de la Justice, les tribunaux et les Cours d'appel, les établissements pénitentiaires et les Centres d'accueil et de réinsertion »* (art. 2 du décret n° 2019-304/PRN/MJ du 7 juin 2019), elle est chargée entre autres :

- de vérifier la stricte application des textes législatifs et réglementaires par les juridictions en matière civile, coutumière, sociale, pénale, administrative et commerciale ;
- de contrôler la régularité et la permanence de l'activité de toutes les juridictions à l'exception de la Cour de cassation, du Conseil d'État et de la Cour des comptes ;
- de contrôler la tenue de tous les registres et quittances au niveau des greffes des juridictions ;
- d'inspecter l'administration centrale, les services déconcentrés, les programmes, projets et établissements publics sous tutelle du ministère de la Justice ;
- de contrôler l'utilisation des crédits alloués aux juridictions ;
- d'étudier le fonctionnement des services ;

[109] Moins de 10 inspecteurs y exercent selon un interlocuteur.

- de veiller à l'utilisation rationnelle et optimale des moyens et des ressources mis à la disposition du ministère et des organismes qui en dépendent ;
- de centraliser et exploiter les rapports d'inspection ;
- de vérifier l'utilisation du matériel mis à la disposition des juridictions ;
- d'élaborer des rapports d'enquête administrative contradictoires sur les magistrats ou tous autres agents placés sous l'autorité du ministre de la Justice, garde des Sceaux, contre lesquels des poursuites pourraient être engagées ;
- d'apprécier le fonctionnement des juridictions inspectées ;
- d'établir, après chaque mission d'inspection, un rapport adressé au ministre de la Justice, garde des Sceaux, dans le délai de quinze jours ;
- et d'élaborer des rapports trimestriels et annuels d'activités.

Malgré ces attributions assez importantes qui ne souffrent d'aucune ambiguïté, l'institution peine à jouer le rôle attendu d'elle.

Ainsi, d'abord sur le contrôle financier, il a été observé que l'IGSJ/P n'effectue pas de mission d'inspection à l'Administration centrale du ministère de la Justice et ne mène donc pas d'investigations quant à l'utilisation rationnelle et optimale des moyens et des ressources mis à la disposition du ministère de la Justice. De plus, il s'avère que lors de ses missions dans les juridictions, l'IGSJ/P ne contrôle que de manière très limitée la tenue de tous les registres et quittances au niveau des greffes des juridictions et des établissements pénitentiaires, et ne vérifie donc pas l'utilisation des crédits alloués et tous les autres moyens mis à la disposition des juridictions et des établissements pénitentiaires[110]. Il a été relevé une tendance de contrôle, non efficiente, puisqu'elle relève de la direction des ressources matérielles, qui consiste tout simplement à recenser les mobiliers des différents services ainsi que les bâtiments en précisant leur état neuf ou de vétusté.

Ensuite, cette institution n'accomplit que très partiellement sa mission dans les centres pénitentiaires. Elle devait consister à contrôler l'état et le fonctionnement des établissements pénitentiaires, les conditions de séjour des détenus, la prise en charge de leur santé, leur transfèrement, et à s'assurer du respect de leurs droits fondamentaux. Cette défaillance de l'IGSJ/P laisse libre cours à d'autres organes étatiques dont les missions sont plus générales[111] de le faire.

Enfin, il est constaté que l'IGSJ/P ne centralise ni n'exploite les rapports d'inspection interne des juridictions et des établissements pénitentiaires *« dressés par les chefs de juridictions, les procureurs généraux ou les procureurs de la République et les chefs d'établissements pénitentiaires »*, essentiellement parce que ces rapports sont inexistants. De plus, elle ne supervise pas la passation de service au niveau des greffes des TGI et Cours d'appel, des services déconcentrés, des programmes, projets et établissements publics sous tutelle du ministère de la Justice, manquant ainsi des nombreuses occasions de veiller à la bonne gouvernance dans le secteur judiciaire nigérien.

Pourtant, ce ne sont pas les seules tares dont souffre l'IGSJ/P. D'une part, des nombreuses interrogations sont posées quant à la qualité des acteurs inspecteurs des services nommés au sein de l'institution. Si le décret 2019-

[110] Source : acteurs judiciaires.

[111] C'est le cas de la Commission nationale des droits de l'homme qui effectue souvent des missions de contrôle des centres pénitentiaires. Voir, par exemple, https://www.lesahel.org/tillaberi-le-president-de-la-commission-nationale-des-droits-humains-humains-visite-les-etablissements-penitentiaires-de-la-region/, consulté le 11 novembre 2023.

304 précise leurs grades, il est muet sur leurs parcours professionnels et se contente, sur leur qualité éthique[112], de préciser qu'ils sont nommés sur la base de leur intégrité et de leur moralité, sans s'attarder sur la procédure de leur sélection[113]. La perception générale qui subsiste dans le milieu judiciaire est que l'IGSJ/P est perçue comme un service *garage* dans lequel sont affectés nombre de magistrats peu qualifiés, ou, pire, qui avaient fait preuve d'insuffisance professionnelle ou éthique dans l'exercice de leurs fonctions juridictionnelles[114]. Dès lors, le leadership nécessaire des inspecteurs auprès de leurs collègues qui exercent en juridiction, pourtant nécessaire à leur mission, s'en trouve affecté, et la crédibilité de leurs missions s'en trouve gravement entamée.

---

[112] En 2022, une inspection conduite autour d'une procédure dans laquelle il y a eu, à tort ou à raison, des suspicions de forfaiture à la Cour d'appel de Niamey, a été considérée par l'exécutif comme étant complaisante au profit des acteurs judiciaires. Cela a conduit à relever de leurs fonctions les inspecteurs ayant mené la mission ainsi que l'inspecteur général de leurs fonctions. Source : entretien avec les acteurs.

[113] L'art. 4 du décret n° 2019-304/PRN/MJ du 7 juin 2019 se contente de préciser qu'ils sont nommés par décret pris en Conseil des ministres sur proposition du ministre de la Justice.

[114] *« En effet, tant dans les discours que dans les écrits, l'Inspection générale des services judiciaires se voit conférer un rôle majeur sinon déterminant dans l'amélioration du fonctionnement de l'institution judiciaire, et pour certains, de sa moralisation, alors que l'institution a, aujourd'hui et, semble-t-il, depuis sa création, une image dévalorisée. Dès lors, les affectations dans ce service sont, à tort ou à raison, considérées comme des "mises au placard", voire comme des sanctions disciplinaires déguisées. Cette situation a deux conséquences : d'une part, les magistrats qui y sont nommés ne sont pas nécessairement dans un état d'esprit favorable pour y exercer pleinement leurs compétences et, d'autre part, leur légitimité peut être contestée par leurs collègues des juridictions qu'ils ont vocation à contrôler ».* Constat fait par « Le rapport sur les états généraux de la justice ». 2012.

D'autre part, il semble que les personnes nommées à l'IGSJ/P ne sont souvent pas préparées à l'exercice des fonctions d'inspecteur. Elles sont certes issues de la magistrature, mais leur fonction de base et leur cursus ne les préparent guère à la fonction d'inspecteur. De plus, elles ne bénéficient ni de formation initiale ni de formation continue relatives à la fonction qu'elles occupent[115]. Ce qui a conduit nombre d'interlocuteurs du milieu judiciaire à *« des appréciations négatives sur les compétences des membres de l'IGSJ/P. »*[116] D'ailleurs, il a été constaté que les rapports par eux dressés à l'issue des contrôles administratifs ou même des inspections administratives sont souvent laconiques. Ils contiennent plus d'éléments descriptifs qu'analytiques avec des annexes proportionnellement trop importantes que l'analyse attendue de leur travail[117]. Des détails descriptifs de l'état des bâtiments ou des mobiliers occupent souvent des larges pans des rapports pédagogiques, alors même, comme leur nom l'indique, ces types de rapports devraient faire une analyse du fonctionnement des juridictions, en relever les hiatus et manquements, faire part des bonnes pratiques et suggérer des mesures palliatives ou des mesures d'encouragement des acteurs performants et/ou innovants.

3. Les organes disciplinaires de la magistrature nigérienne

Il apparaît qu'aujourd'hui, sans doute pas plus qu'avant, l'opinion publique se préoccupe du comportement des juges ; *« elle a, à leur égard, des exigences à la mesure de ce qu'ils représentent socialement, mais surtout en proportion de leurs pouvoirs sur les personnes, sur leurs*

---

[115] Ministère de la Justice, « Rapport de l'audit de l'IGSJ/P », janvier 2019, p. 25.
[116] *Idem.*
[117] Ministère de la Justice, « Rapport de l'audit de l'IGSJ/P », janvier 2019, p. 27.

droits et sur leurs libertés. »[118] Les juges doivent en souffrir, car il y va de la préservation du rôle de pilier de la société qu'ils incarnent. En effet, *« choisir d'être juge, c'est inévitablement accepter le regard public sur l'exercice de ses fonctions, c'est consentir à rendre compte d'un comportement individuel et collectif, c'est admettre que le for intérieur ne suffit pas à établir l'éthique de l'action de juger. »*[119] Aussi, si par sa carence, son comportement ou sa décision, le juge n'incarne plus les valeurs attendues de lui, il doit éventuellement rendre compte de la faute commise. Il apparaît aujourd'hui qu'il existe une forte demande de l'opinion publique à sanctionner le juge qui aurait commis une faute[120]. La légitimité du juge ne reposerait plus uniquement sur son pouvoir de juger autrui, sur son imperium, mais aussi, sur sa manière de juger et de se comporter dans sa société[121].

Dès lors, en raison de l'importance des magistrats dans le corps social et de la représentation que chacun peut se faire de la Justice, il importe qu'ils soient redevables de leurs comportements afin de garantir aussi bien la qualité du corps, mais aussi afin de préserver son indépendance vis-à-vis des pouvoirs politiques et économiques et des

---

[118] JOLY-HURARD Julie. « La responsabilité civile, pénale et disciplinaire des magistrats ». In : *Revue internationale de droit comparé*. Vol. 58, n° 2, 2006, p. 439-475.

[119] G. CANIVET, « Déontologie… déontologies ? La persévérance est une forme de courage », in Lettre de l'ENM, oct. 2005, p. 4.

[120] Des débats assez osés, parfois, il est vrai, passionnés et fondés sur des faux procès, qui dénotent de l'attente des citoyens à sanctionner les magistrats ont été constatés ces derniers temps relativement à la nomination de magistrats à des postes de responsabilité, y compris de postes politiques. Voir, par exemple, https://nigerdiaspora.net/les-nouvelles-du-pays/32-politique-niger/19678-nomination-des-magistrats-le-niger-doit-se-debarrasser-des-magistrats-corrompus, consulté le 27 novembre 2023.

[121] JOLY-HURARD Julie. « La responsabilité civile, pénale et disciplinaire des magistrats ». *Op. cit.*

interférences sociales. S'il n'y a pas un code d'éthique et de déontologie formel adopté au sein du corps de la magistrature nigérienne, ainsi que rappelé ci-haut, il est évident que ce n'est pas le comportement professionnel seul qui est susceptible d'entamer la crédibilité du magistrat et, conséquemment, celle du corps judiciaire. En effet, les faits touchant à la vie privée d'un magistrat peuvent être des manquements susceptibles d'affecter la considération qui s'attache à l'exercice des fonctions judiciaires[122].

C'est la loi 2018-36 du 24 mai 2018 portant statut de la magistrature qui prévoit aussi bien les devoirs auxquels sont astreints les magistrats (art. 10 à 19), les fautes disciplinaires[123] ainsi que les sanctions qui sont assorties

---

[122] Eu égard au serment du magistrat, il apparaît que son comportement social déviant, même en privé, peut être constitutif de parjure. Voir article 8 de la loi 2018-36 du 24 mai 2018 portant statut de la magistrature qui dispose que *« tout magistrat, lors de sa nomination à son premier poste et avant d'entrer en fonction, prête serment dans les termes suivants : "Je jure devant Dieu et devant les Hommes de :*

- *remplir fidèlement mes fonctions ;*
- *respecter les lois et règlements en vigueur conformément à la Constitution ;*
- *respecter les droits de l'Homme et les libertés des citoyens ;*
- *respecter les règles de probité, d'impartialité, de neutralité et d'intégrité ;*
- *ne prendre ni cautionner aucune mesure avilissante pour la dignité humaine ;*
- *garder le secret des délibérations ;*
- *me conduire en tout comme un digne et loyal magistrat.*

En cas de parjure, que je subisse les rigueurs de la loi" ».

[123] « ***Article 68 :*** *Tout manquement par un magistrat, aux convenances de son état, à l'honneur, à la délicatesse ou à la dignité et aux obligations professionnelles, constitue une faute disciplinaire.*
Constituent, entre autres, des fautes disciplinaires :

1) *Toute forme de sollicitation auprès des justiciables ;*
2) *La lenteur abusive dans le traitement des dossiers ;*
3) *Le retard dans la rédaction des décisions judiciaires ;*
4) *L'entrave à l'exécution d'une décision judiciaire ;*

aux fautes commises. L'article 70 de ladite loi indique, en effet, que les sanctions disciplinaires applicables aux magistrats sont dans l'ordre croissant :

1) La réprimande avec inscription au dossier ;

2) Le déplacement d'office ;

3) La radiation du tableau d'avancement ou de la liste d'aptitude ;

4) Le retrait de certaines fonctions ;

5) L'abaissement d'échelon ;

6) La rétrogradation ;

7) La mise à la retraite d'office ou l'admission à cesser ses fonctions lorsque le magistrat n'a pas droit à une pension de retraite ;

8) La révocation avec ou sans suspension des droits à pension.

La loi 2018-36 portant statut de la magistrature régit également le régime disciplinaire des magistrats. Elle indique, en son article 74, que le CSM est l'organe disciplinaire des magistrats du siège. Elle précise, en ses articles 75 et 76, concernant les magistrats du parquet, que c'est une Commission de discipline du parquet et de l'administration centrale, créée auprès du ministre de la Justice qui en est chargée.

Ces organes disciplinaires sont différemment composés. L'organe disciplinaire du CSM est ainsi composé des membres du CSM, hors la présence du président de la

---

5) *L'absentéisme non dûment justifié ;*

6) *Le déplacement de son lieu de résidence sans autorisation préalable ;*

7) *La violation manifeste ou délibérée de la loi ;*

8) *La divulgation du secret des délibérations ;*

9) *Tout comportement incompatible avec l'exercice des fonctions judiciaires.* »

République et du ministre de la Justice[124], ce qui est susceptible de réduire toute interférence politique dans les décisions disciplinaires du CSM. Quant à la Commission de discipline du parquet et de l'administration centrale (CDPAC), elle est composée du procureur général près la cour de cassation et de trois (3) autres magistrats du parquet en plus de deux (2) magistrats relevant de l'administration centrale[125]. Cette composition, sous réserve des remarques relatives au lien ombilic qui rattache le parquet nigérien à l'exécutif, par le canal du ministre de la Justice, tente, en excluant toute présence d'un membre de l'exécutif, de circonscrire les influences négatives possibles d'une immixtion encore plus prégnante dans le fonctionnement de la justice. Toutefois, le fait que le ministre de la Justice ait le pouvoir exclusif de nomination des membres de la CDPAC pour un mandat d'an renouvelable (art. 76 du statut de la magistrature) conduit à relativiser cet optimisme. Il aurait, sans doute, été de meilleur aloi que les membres de la CDPAC soient en grande majorité élus par leurs pairs à l'image des membres de l'organe disciplinaire du CSM.

En outre, il faut relever que le dispositif légal nigérien n'a prévu que le seul ministre de la Justice comme organe susceptible de saisir les mécanismes disciplinaires des magistrats[126], ce qui, sans doute, explique le nombre limité des poursuites disciplinaires devant ces organes[127]. De plus,

---

[124] Article 13 de la loi n° 2023-22 du 6 juin 2023 portant composition, attributions, organisation et fonctionnement du Conseil supérieur de la magistrature.

[125] Art. 76 de la loi 2018-36 du 24 mai 2018, portant statut de la magistrature.

[126] Voir les articles 74, 75 et 76 de la loi 2018-36 du 24 mai 2018, portant statut de la magistrature.

[127] Il est relevé par les acteurs du secteur judiciaire que très peu de poursuites disciplinaires ont été engagées devant le CSM et la Commission. Des cas d'omission volontaire de poursuite ou de retard

les procédures à suivre devant ces instances disciplinaires n'ont pas été détaillées par le cadre juridique.

Néanmoins, en pratique, lorsque des faits susceptibles d'une qualification pénale et/ou disciplinaires sont dénoncés au ministre de la Justice, par les organes de contrôle, il demande à l'IGSJ/P de procéder à une enquête administrative[128]. Sur la base du rapport de cette enquête, il saisit les autorités d'enquête pénale, lorsqu'il s'agit d'une faute pénale. Lorsqu'il s'agit d'une faute disciplinaire, il saisit de l'affaire le secrétaire permanent du CSM ou le président de la CDAPC, selon que le mis en cause soit un juge du siège ou du parquet, en vue de l'inscrire à l'agenda de l'organe. De même, le ministre de la Justice, après réception des autorités judiciaires compétentes ou de l'IGSJ/P, d'une décision pénale de condamnation d'un magistrat devenue définitive, saisit les organes disciplinaires comme dans les précédents cas.

La procédure devant les organes disciplinaires est contradictoire et le magistrat poursuivi est convoqué par un avis avec accusé de réception. Les pièces de la procédure sont mises à sa disposition pour qu'il prépare sa défense. Il peut, à sa convenance, se faire assister par un conseil, qui peut être aussi bien un avocat qu'un magistrat, ou toute autre personne qu'il juge qualifiée à le faire. Les débats sont oraux et conduits à *huis clos* devant les deux instances, qui délibèrent, évidemment en secret, hors la présence du magistrat poursuivi. Si la loi n'a pas prévu la date de prise d'effet des décisions de ces organes, il est de pratique que la décision rendue est notifiée au magistrat intéressé en la

---

excessif pour le faire ont été constatés également, y compris pour des magistrats ayant fait l'objet de poursuites et de sanctions pénales. Source : entretien avec les acteurs.

[128] L'enquête administrative se focalise sur un fait, un comportement ou la gestion d'un dossier précis. Elle se distingue de l'enquête pédagogique qui ne contrôle que le fonctionnement général des services.

forme administrative. Ainsi, elle prendrait donc effet du jour de cette notification.

Cependant, le droit positif en la matière n'a pas prévu de voie de recours contre les décisions du CSM et de la Commission disciplinaire du parquet et de l'administration centrale. Mais il parait évident qu'en tant qu'organes administratifs, que leurs décisions soient susceptibles de recours devant le Conseil d'État selon la procédure prévue pour le recours pour excès de pouvoir ouverte à tout justiciable qui pense être lésé par une décision administrative illégale[129].

Cependant, il est apparu des opinions des acteurs, en l'absence d'un répertoire des décisions disciplinaires contre les magistrats nigériens, qui aurait pu être un outil pédagogique important, que les décisions des organes disciplinaires de la magistrature ont paru souvent clémentes, ne prononçant les sanctions les plus graves qu'exceptionnellement[130], se contentant des réprimandes et/ou d'interdiction d'exercice dans les juridictions parfois.

---

[129] Voir dans le même sens l'arrêt du Conseil d'État français : *« Considérant qu'il ressort des prescriptions constitutionnelles et législatives qui fixent la nature des pouvoirs attribués au conseil supérieur de la magistrature à l'égard des magistrats du siège, comme d'ailleurs de celles qui déterminent sa composition et ses règles de procédure, que ce conseil a un caractère juridictionnel lorsqu'il statue comme conseil de discipline des magistrats du siège ; qu'en raison de la nature des litiges qui lui sont alors soumis et qui intéressent l'organisation du service public de la justice, il relève du contrôle de cassation du Conseil d'État statuant au contentieux... »* CE, ass. 12 juillet, 1969, l'Étang, rec. 388, RDP 1970, p. 387, note Waline.

[130] Les sanctions les plus graves, soit « la mise à la retraite d'office ou l'admission à cesser ses fonctions lorsque le magistrat n'a pas droit à une pension de retraite ou la révocation avec ou sans suspension des droits à pension » (art. 71 de la loi 2018-36 portant statut de la magistrature), n'auraient été infligées que deux fois ces trente dernières années, de mémoire des acteurs judiciaires. Source : entretien avec les acteurs judiciaires.

Il apparaît ainsi que ces organes de bonne gouvernance dans le secteur judiciaire peinent à jouer la pleine mesure du rôle attendu d'eux. Un élargissement des organes susceptibles de les saisir, y compris à des structures de justiciables, peut certainement permettre une meilleure redevabilité. De plus, il y a lieu de clarifier la procédure à suivre devant ces instances et veiller à ce qu'elles communiquent leurs activités, par le biais des publications de décisions, de façon anonyme, pour servir à la fois d'outil pédagogique et de redevabilité de tout le secteur judiciaire, les organes disciplinaires y compris.

Chapitre IV
Une insuffisante offre de services judiciaires

L'offre de justice, en termes de disponibilité et de qualité, est certainement le baromètre sur lequel on peut évaluer l'accès à la justice dans un pays. Il est vrai que la notion d'accès à la justice est difficile à cerner, et n'est pas dénuée d'ambiguïté[131]. Elle est considérée parfois comme le passage d'un État formel à un État réel du droit[132] ou comme le moyen par lequel tout justiciable qui remplit les conditions de qualité et d'intérêt légitime accède aux juridictions pour tenter de faire valoir ses prétentions[133].

Cependant, il ne peut être dénié que les règles de droit n'ont de valeur que par leur concrétisation, qui rend les personnes effectivement titulaires de prérogatives juridiques[134]. Cela peut s'opérer d'une façon tranquille, par un accès au droit, ou d'une façon plus belliqueuse, par l'accès à la justice. La protection juridique effective dépend donc de l'accès à la justice, fût-elle non institutionnalisée.

---

[131] Voir M. CAPPELLETTI (dir.), *Access to justice*, Milan, Giuffrè Editore, Alphen aan den Rijn, Sijthoff, Noordhoff, 1978 ; Quatre volumes, et René DAVID, « Théorie et réalité dans l'application du droit. Une enquête internationale sur l'accès à la justice », *Revue internationale de droit comparé*, vol. 31, 1979, p. 617-629.
[132] A.-J. ARNAUD (dir.), *Dictionnaire encyclopédique de théorie et de sociologie du droit*, Coll. « Droit et société », 2e éd., LGDJ, Paris, 1993, p. 331.
[133] M.-A. FRISON-ROCHE, « Le droit d'accès à la justice et au droit », in *Libertés et Droits fondamentaux*, édition Dalloz, 2011, page 524.
[134] Marie-Anne FRISON-ROCHE, « Le droit d'accès à la justice et au droit », *in* CABRILLAC Rémy, FRISON-ROCHE Marie-Anne et REVET Thierry (dir.), *Libertés et droits fondamentaux*, 18e éd, Dalloz, 2012, Paris, p. 535-555. Disponible au http://mafr.fr/fr/article/143-le-droit-dacces-a-la-justice-et-au-droit/, consulté le 7 novembre 2023.

Encore faut-il que les juridictions et autres instances dédiées soient disponibles, que les personnes accèdent et comprennent le droit et qu'elles ressentent les bienfaits des jugements, du fait de l'impartialité des acteurs judiciaires et non judiciaires, coutumiers, par exemple. Aussi, la bonne gouvernance du secteur judiciaire suppose, entre autres, la couverture de la demande des citoyens en matière de justice aussi bien en quantité qu'en qualité. Cela suppose, à tous les paliers du système de justice, premier degré, second degré et en cassation, des organes ayant non seulement des attributions adéquates, mais aussi ayant une couverture géographique appropriée et qu'ils soient pourvus en personnel suffisant et qualifié. Aussi bien l'organisation du système de justice nigérien, sa couverture géographique que le recrutement du personnel devaient alors faire l'objet d'un chantier important pour y parvenir.

De nombreuses études se sont focalisées sur des aspects en lien avec l'organisation judiciaire nigérienne[135], son fonctionnement[136], l'accès à la justice[137] ou son éthique[138], qui sont tous des aspects de la gouvernance du secteur, et auxquelles on pourra utilement se référer. Il s'agira ici

---

[135] Bachir TALFI, « L'organisation judiciaire au Niger », disponible au https://www.academia.edu/6195435/Lorganisation_judiciaire_au_Niger, consulté le 7 novembre 2023.

[136]Abdourahamane Oumarou LY, *L'accès à la justice au Niger. L'autoreprésentation devant les juridictions*, Édition l'Harmattan, 2021, 135 pages ; Hamani OUMAROU, « La rédaction des décisions de justice au tribunal de grande instance hors classe de Niamey », *Études et travaux du Lasdel*, n° 117, 2015.

[137] Amina Bala Kalto, « La problématique de l'accès à la justice au Niger », disponible https://afrilex.u-bordeaux.fr/2013/07/23/la-problematique-de-lacces-a-la-justice-au-niger/, consulté le 7 novembre 2023.

[138] Mahaman TIDJANI ALOU, « La justice au plus offrant : Les infortunes du système judiciaire en Afrique de l'Ouest (autour du cas du Niger) », dans *Politique africaine*, 2001/3 (n° 83), pages 59 à 78, Éditions Karthala.

d'analyser plutôt les récentes évolutions de l'offre de justice au Niger induites par les modifications de l'organisation judiciaire, la mise en place d'organes ayant vocation à améliorer l'offre de justice et des récentes dispositions légales relatives aux corps professionnels du secteur judiciaire.

A. La nouvelle organisation judiciaire du Niger : entre ambition et limites objectives

L'organisation judiciaire se définit comme l'ensemble des règles qui créent des juridictions, en fixent leur compétence, leur composition, ainsi que la place qu'occupe chacune d'elles dans l'organigramme du système judiciaire d'un pays. Elle est un aspect fondamental de la qualité de l'accès à la justice : plus elle est en adéquation avec les besoins des justiciables (en termes de couverture géographique et de qualité), mieux elle contribue à la bonne gouvernance du pays[139].

Au Niger, le principal texte sur l'organisation judiciaire et la compétence des juridictions en vigueur est la loi n° 2018-37 du 1er juin 2018 fixant l'organisation judiciaire et la compétence des juridictions en République du Niger. Aux termes de l'article premier de ladite loi, *« en République du Niger, la justice est rendue en matière civile, commerciale, coutumière, sociale, pénale, économique, financière et administrative par la Cour de cassation, le Conseil d'État, la Cour des comptes, les Cours d'appel, les tribunaux de grande instance, les tribunaux d'arrondissements communaux, les tribunaux d'instance, les tribunaux communaux, les tribunaux administratifs, le tribunal militaire, les tribunaux de commerce, les tribunaux du foncier rural, les tribunaux du travail, les tribunaux pour mineurs, le pôle spécialisé en matière économique et*

[139] PERROT Roger, *Institutions judiciaires*, Paris, Montchrestien, Lextenso, 14e éd., 2010, p. 24.

financière et le pôle judiciaire en matière de lutte contre le terrorisme et la criminalité transnationale organisée ».

Tel qu'il découle de cette disposition, cette loi a pour ambition la réorganisation profonde de l'organigramme judiciaire, avec en toile de fond, une refonte de la carte judiciaire du pays au nom du principe du rapprochement de la justice des justiciables, qui cadre avec la PNJDH, comme déjà rappelé. Cela constitue un grand défi du fait non seulement de l'immensité du territoire du pays, avec une superficie de 1 267 000 km^2 mais aussi de la modicité de la part du budget national alloué au ministère de la Justice (moins de 1 %). C'est justement pour prendre en compte cette spécificité géographique que cette nouvelle loi est intervenue pour abroger la loi 2004-50 du 22 juillet 2004, après pratiquement quatorze (14) ans de mise en œuvre.

La nouvelle loi 2018-37 a introduit des nombreuses innovations visant à améliorer l'accès à la justice au Niger. Cependant, il y a lieu de s'interroger sur la pertinence de certaines d'entre elles aussi bien concernant les juridictions de droit commun que les juridictions spécialisées.

1. Les innovations relatives aux juridictions de droit commun

Comme évoqué plus haut, la nouvelle organisation judiciaire s'est voulue révolutionnaire avec pour ambition de réorganiser en profondeur l'organigramme judiciaire du pays. Elle a ainsi procédé à la création de nouvelles juridictions de droit commun. Il s'agit de l'accroissement du nombre des Cours d'appel et des Tribunaux d'instance (TI), et de la création de nouveaux paliers de juridictions que sont les Tribunaux communaux (TC) et les Tribunaux d'arrondissements communaux (TAC).

S'agissant des Cours d'appel, il faut rappeler qu'avant l'intervention de cette loi, le pays n'en comptait que deux, celle de Niamey ayant pour ressort Niamey, Tillabéri, Dosso et Tahoua et celle de Zinder ayant pour ressort

Zinder, Agadez, Maradi et Diffa. La nouvelle loi a consacré la création d'une Cour d'appel dans chaque chef-lieu de région[140].

Si, dans son esprit, cette disposition vise à rapprocher la justice du justiciable et peut être perçue comme vertueuse, il est évident que ses prescriptions ne seront que théoriques, irréalistes qu'elles sont. En effet, il faut d'abord relever que les Cours d'appel existantes avant cette loi, celle de Niamey et celle de Zinder, ne fonctionnent que du fait de l'acharnement et du sacrifice du personnel qui y travaille. Ces deux juridictions sont dépourvues de personnels suffisants aussi bien magistrats que d'autres agents et ont des budgets très dérisoires qui ne couvrent même pas les besoins en consommables bureautiques[141]. À cela s'ajoutent la vétusté et l'exiguïté des locaux (particulièrement à Niamey) au point où des magistrats, ayant servi l'État à des hauts niveaux de responsabilité, se retrouvent à plusieurs dans des salles délabrées, parfois sans mobiliers, souvent sans aucun matériel informatique et sans sanitaires adéquats. Ce qui a fini par déchanter de nombreux magistrats et les a déterminés à réorienter leur carrière vers d'autres horizons de l'administration publique ou ailleurs. Et dans ce contexte, la Chancellerie a tenu à l'installation de la nouvelle Cour d'appel de Tahoua avec des difficultés énormes de local (elle est actuellement dans un bâtiment de location (quid de l'indépendance, de la sérénité dans le travail et d'une vision de long terme ?)). Cette nouvelle Cour, comme il fallait s'y attendre, ne fonctionne qu'avec un nombre très limité de magistrats et de personnels, greffiers et secrétaires de greffes et parquets.

La situation délétère des conditions de travail et l'insuffisance du personnel dans les trois juridictions

---

[140] Art. 16 de la loi n° 2018-37 du 1er juin 2018 fixant l'organisation judiciaire et la compétence des juridictions en République du Niger.

[141] Selon les acteurs rencontrés.

d'appel fonctionnelles présagent déjà des difficultés à surmonter pour voir l'impossibilité de l'installation des Cours d'appel dans chaque chef-lieu de région au Niger dans un moyen terme. Il apparaît alors que le dispositif légal n'est, dès sa conception, pas réaliste.

Outre ces Cours d'appel créées, la loi a prévu respectivement en ses articles 39, 44 et 50 la création des Tribunaux d'arrondissements communaux dans chacun des quinze arrondissements communaux que compte le Niger (Niamey, cinq (5) TAC ; Zinder, cinq (5) TAC ; Maradi, trois (3) TAC ; Tahoua, deux (2) TAC). Ces juridictions ont, à elles seules, un besoin de soixante-quinze (75) magistrats pour les faire fonctionner (soit 5 magistrats par TAC : un président, un juge au tribunal, un juge d'instruction, un procureur délégué et son substitut) alors le corps de la magistrature nigérienne compte moins de cinq cents (500) magistrats en activité[142] pour un ratio populations/magistrat de 49 000 habitants pour 1 magistrat, très loin du standard défini par les Nations unies, qui est de 1 magistrat pour 10 000 habitants[143].

De plus, cette loi a créé des Tribunaux d'instance dans chacun des vingt-sept (27) anciens chefs-lieux de postes administratifs érigés en départements par la loi 2011-22 du 8 août 2011, pour un besoin de quatre-vingt-un (81) magistrats, soit trois magistrats par nouveau TI, et un Tribunal communal (TC) par commune, environ deux cents (200) si l'on exclut les chefs-lieux des communes dans

---

[142] En novembre 2023.

[143] Discours du président de la République, Mohamed BAZOUM, président du Conseil supérieur de la magistrature lors de la réunion dudit conseil le 28 septembre 2021. Disponible au https://www.lesahel.org/discours-du-president-de-la-republique-president-du-conseil-superieur-de-la-magistrature-a-louverture-de-la-session-dudit-conseil-la-politique-penale-du-gouvernement-ne-fera-place-a/

lesquelles les Tribunaux d'instance existent déjà, pour un besoin de deux cent (200) magistrats environ.

Le nombre limité de magistrats et d'agents judiciaires au Niger, qui ne couvre pas les postes de l'organisation judiciaire antérieure (celle qui était prévue par la loi 2004-50 abrogée), a besoin de personnel moins important, environ 630 magistrats[144], nous renseigne sur le degré du caractère irréaliste de la réforme entreprise. À cela s'ajoute le manque criant d'infrastructures immobilières pour accueillir ces juridictions[145] sans oublier le caractère dérisoire du budget qui leur est alloué[146]. À titre illustratif, certaines des juridictions créées, notamment les TI de Damagaram Takaya et de Ngourti dont les présidents ont été nommés en mars 2020, n'ont pu être installées qu'en avril 2022 faute de local devant les abriter ; et celles installées, les TI de Iferoune, de Falmey et de Torodi, n'ont ni de maison d'arrêt ni de moyen de déplacement ! (Ce qui induit des difficultés pour instruire les procédures et une irrégularité de la tenue des audiences correctionnelles, les détenus étant dans des centres pénitentiaires éloignés).

En outre, relativement aux attributions des TAC, l'expérimentation faite depuis l'installation des cinq TAC à Niamey permet de tirer quelques enseignements. Si sur le plan des attributions coutumières, commerciales et civiles, il n'a pas été relevé de problèmes majeurs, ce n'est pas le cas sur le plan des attributions pénales des TAC. Il est, en

---

[144] Voir tableau de répartition de la composition des juridictions nigériennes en annexe de la loi 2004-50.

[145] Les TAC créés à Niamey sont tous dans une précarité dans des villas conventionnées par l'État.

[146] Il y eut des périodes où le tribunal de Niamey, le plus grand du pays avec plus de soixante-dix magistrats et plus de cent agents y travaillant, s'est vu affecter une dotation trimestrielle de moins de quatre cent mille (400 000) francs CFA alors même que le seul contrat d'entretien des lieux conclu avec une entreprise de nettoyage valait près d'un million de francs par trimestre. Source : acteur du tribunal.

effet, apparu que les objectifs premiers mis en avant pour l'attribution des compétences pénales aux TAC[147], qui sont ceux de désengorger le Tribunal de grande instance hors classe (TGI-HC) ainsi que de réduire la surpopulation carcérale sont loin d'être atteints. Le nombre de cabinets d'instruction du TGI-HC de Niamey ayant été considérablement réduit (de 9 qu'ils étaient avant la réforme à 6 cabinets), le volume d'affaires qu'ils traitent tourne autour d'une moyenne de 140 dossiers[148], ce qui dénote de la grande surcharge de travail que vivent les magistrats et agents qui y exercent. La surpopulation carcérale a également continué à augmenter à Niamey[149]. Ces données indiquent bien que la tendance ne pousse pas à l'optimisme quant à l'atteinte des objectifs de la réforme

---

[147] Art. 83 de la loi 2018-37 du 1er juin 2018, fixant l'organisation et la compétence des juridictions au Niger qui indique qu'*« en matière pénale, les tribunaux d'arrondissement communaux connaissent des délits et contraventions de simple police commis sur leurs ressorts respectifs, à l'exception des infractions suivantes : – atteintes aux deniers et biens publics de nature délictuelle ; – corruption et trafic d'influence ; – ingérence des fonctionnaires ; – concussion ; – blanchiment des capitaux ; – enrichissement illicite ; – atteintes à la liberté d'accès et à l'égalité des candidats devant les marchés publics et les délégations de service public ; – faux et usage de faux ; – trafic de drogue ; – réglementation du commerce et du port des armes ; – abus de confiance et escroquerie aggravés ; – infractions en matière commerciale ; – atteintes à la défense nationale ; – délits contre la sûreté de l'État ; – attentats, complots et autres infractions contre l'autorité et l'intégrité du territoire national ; – attroupements ; – délits à caractère racial, régional ou religieux ; – infractions en matière de terrorisme ; – cybercriminalité ; – infractions relatives aux données à caractère personnel ; – traite des personnes et trafic illicite de migrants ; – infractions mettant en cause des mineurs. »*

[148] Rapport annuel 2022 du TGI-HC de Niamey.

[149] Avec des taux d'occupation ayant atteint plus de 300 % en mai 2022 alors qu'il était autour de 250 % un an auparavant. Voir ministère de la Justice, *Effectif des détenus des établissements pénitentiaires à la date du 31 mai 2022*, 2022.

relative aux attributions pénales des TAC. En réalité, la mise en place dudit volet pénal a fortement contribué à flouter la carte judiciaire en plus d'entraîner une disparité de politiques et pratiques pénales dans une même ville ainsi qu'un clientélisme judiciaire dont les premiers hiatus ne sont, sans doute, que la résultante.

D'abord, pour ce qu'il est du clientélisme, il est apparu qu'en l'absence d'un parquet unique auquel répondent les officiers de police judiciaire[150], ceux-ci ont souvent mené les activités de police judiciaire sans contrôle effectif, ce qui, de l'avis de nombreux acteurs, a conduit à des traitements inadéquats (soit par insuffisance technique ou volontairement, par marchandage) des affaires pénales. De même, certains parquets des TAC, en l'absence d'un droit de regard sur leurs activités par le parquet du TGI-HC de Niamey, se sont révélés être des hauts lieux de marchandage des procédures pénales.

Ensuite, il est apparu difficile, même pour les acteurs pénaux, de tracer les limites de compétence des TAC par rapport à celle du TGI-HC de Niamey, ce qui a conduit à des poursuites qui ont abouti à des décisions d'incompétence, souvent au détriment des justiciables, puisque les parquets ont systématiquement fait reprendre les procédures devant la juridiction de renvoi indiquée par celle qui s'est déclarée incompétente. Ce qui a conduit des personnes détenues à voir prolongé leur séjour en prison sans jugement ; leur période de détention provisoire dira-t-on techniquement ; ce qui dissimule mal, à notre sens, le caractère grave de l'atteinte indue à la liberté des victimes.

Enfin, l'attribution du volet pénal aux TAC a conduit à la disparité de la politique et de la pratique pénales dans la même ville. En effet, en l'absence d'une politique pénale

[150] Selon la matière, ils rendent compte et défèrent les mis en cause devant le procureur délégué de TAC ou devant le procureur de la République du TGI-HC.

nationale clarifiée[151] et en l'absence d'une centralisation des poursuites auprès d'un organe unitaire, il est apparu que chacun des parquets de Niamey (ceux des TAC et celui du TGI-HC) allait de ses politiques et pratiques pénales, certains poursuivant très peu certains types de délinquance que d'autres, par exemple. Il a été, dans ce contexte, rapporté que des conseils/avocats ou même des délinquants ont œuvré pour que leurs affaires soient transmises au parquet de tel TAC, plus clément, ou peut-être plus disponible à *transiger* qu'à celui d'un autre, plus sévère. Cette situation conduit à une rupture d'égalité de traitement devant la loi pénale, ce qui n'est pas sans conséquence sur l'accroissement de la délinquance ou le sentiment d'injustice nourri par les justiciables, qui sont tous les deux des facteurs d'insécurité pour la société.

Il apparaît, de l'avis des acteurs et observateurs, que le volet pénal des attributions des TAC a plus créé des dysfonctionnements qu'il n'en a résolu et qu'il est, suite à cette expérimentation, sans raison d'être. Sa suppression permettra de résoudre les défis ainsi survenus et d'avoir du personnel à redéployer plus adéquatement.

En définitive, de l'avis des acteurs et à l'analyse, le processus de l'élaboration de la loi 2018-37 n'a pas été inclusif et a été une occasion manquée pour la modernisation et l'amélioration de l'offre de justice au Niger. Il est apparu qu'aucune projection sérieuse des besoins pour couvrir les prescriptions de cette loi, en termes budgétaires (infrastructures immobilières, mobiliers, dotation budgétaire) et en termes de personnel (magistrats, greffiers, agents divers de justice) n'a été faite. La loi 2018-

[151] Il est apparu que la chancellerie n'a pas brillé ces dernières années par ses capacités à orienter la politique pénale adéquatement. Les directives et autres circulaires interprétatives ont quasiment disparu de la production technique censée être transmise aux juridictions. Source : acteurs judiciaires.

37 a eu des ambitions irréalistes sans égard à la réalité et a consacré une vision qui ne pourra être mise en œuvre ni à court ni à moyen terme. L'organisation et le fonctionnement judiciaires antérieurs subsisteront longtemps avec leurs imperfections et indigences, en y ajoutant de l'incohérence de la présence de quelques juridictions de la nouvelle loi installée au forceps. Ce qui contribuera à flouter davantage l'organisation judiciaire et à entamer un peu plus l'égal accès au service public de la justice pour tous les citoyens. Cette réforme aurait pu prendre en compte la réalité contextuelle du grand recours des justiciables nigérien au système de justice coutumier en vue d'une meilleure valorisation et d'une meilleure prise en compte en créant des passerelles et des points d'accroche plus lisible entre les deux systèmes qui cohabitent sans s'intégrer.

Conséquemment, de nombreuses zones géographiques du pays densément peuplées telles que le département de Mirriah ou de Matameye ou celui de Abala et Ayérou ne seront couvertes qu'insuffisamment, par une seule juridiction. Des pans de populations vulnérables tels que les réfugiés et déplacés ou les autochtones indigents n'auront pas alors accès au service public de la justice et feront recours à des mécanismes non fiables et souvent non équitables ou violents pour régler leur différend avec un risque élevé de conflit et de dissensions communautaires propres à alimenter les extrémismes.

Une révision profonde de la loi 2018-37 s'impose, de l'avis des acteurs, pour viser l'amélioration de la qualité d'accès aux juridictions existantes avant d'envisager l'extension de la carte judiciaire au niveau prôné par la nouvelle loi.

2. Les innovations relatives à des juridictions spécialisées

La spécialisation des juridictions et des acteurs judiciaires est certainement un des aspects qui améliore l'offre du service public de la justice. Des initiatives dans le sens de la spécialisation des juridictions ont été poursuivies, notamment relativement au pôle judiciaire spécialisé en matière de lutte contre le terrorisme et la criminalité transnationale organisée, et les tribunaux de commerce.

Les réformes concernant la première juridiction ont concerné l'élargissement de sa compétence et la prévision d'un plus grand nombre de magistrats pour l'animer et ne nécessitent pas que l'on s'y attarde ici[152].

Par contre, les réformes ont été plus importantes concernant les tribunaux de commerce. Ces juridictions sont créées au siège de chaque tribunal de grande instance[153] et sont des juridictions spécialisées statuant en composition mixte comprenant des magistrats professionnels et des juges consulaires. Il est également créé une Cour d'appel en matière commerciale dans chaque région du Niger par la loi n° 2020-061 du 25 novembre 2020 modifiant et complétant la loi n° 2019-01 du 30 avril 2019 qui fixe la composition, la compétence et la procédure à suivre devant les tribunaux de commerce et les chambres commerciales spécialisées en République du Niger. Dans les faits, seuls le tribunal de commerce et les chambres commerciales spécialisées de la Cour d'appel de Niamey sont effectivement installés.

---

[152] On peut utilement se référer à Maman Aminou A. KOUNDY, *Lutte contre le terrorisme au Sahel : aspects juridiques et judiciaires*. À paraitre.

[153] Art. 56 de la loi n° 2018-37 du 1er juin 2018 fixant l'organisation judiciaire et la compétence des juridictions en République du Niger.

Ces juridictions sont compétentes, conformément à l'article 17 de la loi 2019-01 pour connaître notamment des contestations liées aux contrats entre commerçants pour le besoin de leur commerce et des contestations liées aux engagements entre commerçants.

Il apparaît que la célérité que requiert, par essence, le jugement de telles affaires, a certainement guidé le législateur nigérien à leur institution en vue d'améliorer le climat des affaires. La loi a imparti un délai de trente (30) jours pour la mise en état des dossiers, pouvant être prorogé exceptionnellement de quinze (15) jours. Le jugement des affaires doit être rendu dans un délai d'un (1) mois ou dans tous les cas, ne pas excéder deux (2) mois. De plus, le législateur a imparti un délai de huit (8) jours pour la rédaction du jugement rendu. Les appels formulés contre les décisions de ce tribunal sont dévolus à la chambre commerciale spécialisée de la Cour d'appel avant l'installation des Cours d'appel commerciales.

Il s'agit certainement d'une réforme qui va en droite ligne de l'amélioration de la gouvernance dans le secteur judiciaire en charge d'une matière particulièrement importante pour l'économie du pays.

Toutefois, d'une part, la réforme visant la création par la loi n° 2020-061 du 25 novembre 2020 des Cours d'appel de commerce dans chaque chef-lieu de région est, évidemment, aussi bien inopportune qu'irréaliste dans le contexte déjà rappelé de rareté de ressources humaines et budgétaires qui caractérise le secteur judiciaire nigérien.

D'autre part, le fait que les tribunaux de commerce statuent en premier et dernier ressort jusqu'au taux de cent millions (100 000 000) de francs CFA est négativement apprécié par la plupart des acteurs et observateurs. Dans de tels cas, la seule voie de recours est le pourvoi en cassation, porté le plus souvent, devant la Cour commune de justice et d'arbitrage (CCJA) (lorsque la matière relève du droit

OHADA, ce qui constitue la plupart des affaires traitées) qui se trouve à Abidjan (Côte d'Ivoire). Cet état de fait est analysé comme étant une source d'insécurité judiciaire pour les justiciables en raison de la faiblesse de l'économie locale (les litiges dépassent rarement le montant de 100 000 000 F) et des coûts qu'implique le recours devant la CCJA.

Cependant, il apparaît ainsi que les réformes conduites ont été des occasions ratées pour prendre en compte le contexte juridique du pays, avec une prégnance du droit coutumier dans de nombreuses matières.

B. La non-valorisation de la justice coutumière et informelle

Les mécanismes de justice coutumière et/ou informelle peuvent se définir comme les types de systèmes judiciaires qui existent au niveau local ou communautaire et qui ont souvent une reconnaissance par l'État sans être formellement intégrés au système judiciaire. Ils fondent généralement le règlement des litiges à eux soumis sur les principes du droit coutumier ou un ensemble de règles de comportement non nécessairement codifiées. Lorsqu'ils sont pris en compte, la justice ne renverrait plus seulement à l'ensemble des institutions formelles au moyen desquelles l'État exerce son pouvoir souverain de juger. Elle englobe l'ensemble des mécanismes non juridictionnels qui contribuent, de manière complémentaire, à la régulation des rapports sociaux et à la protection des droits fondamentaux.

Au Niger, la confiance placée dans les mécanismes non juridictionnels, principalement ceux coutumiers, par la grande majorité des populations rurales est la preuve que ceux-ci constituent des mécanismes de justice de premier plan, et parfois plus efficaces, que l'État ne peut ignorer[154]. Il a souvent été indiqué que ce type de système de justice est jugé plus rapide et qu'il préserve la cohésion communautaire et la réconciliation. En effet, l'accessibilité immédiate du système de justice coutumière et informelle est un critère déterminant de son choix par les justiciables dans un contexte de couverture géographique insuffisante du système formel. À cette proximité spatiale s'ajoute la proximité sociale des acteurs de cette justice puisqu'il s'agira de s'adresser à un acteur local proche des parties. De plus, ce système permet souvent aux parties de trouver des terrains d'entente via des intercessions transparentes, locales, connues et acceptées.

En effet, la philosophie du système de justice coutumière diffère de celui du système formel. Ce système privilégie la conciliation et l'entente à la victoire d'une partie sur l'autre. Selon Kéba Mbaye, les droits africains procèdent d'une conception originale ; le procès, dans la coutume africaine, est non une discussion suivant les règles préétablies d'un jeu, mais une dispute dont on cherche à sortir vainqueur sans rompre les liens sociaux[155]. Le droit coutumier est essentiellement conciliatoire et non contentieux. Dans ce système, *« à l'occasion de l'audience, des conseils étaient prodigués, des remontrances, des mises en garde faites aux*

---

[154] Les autorités coutumières et religieuses sont saisies pour 30 % des litiges alors que les juridictions ne jugeraient que 10 % des litiges. Voir HILL « Enquête sur les besoins de justice au Niger », 2021. Disponible au https://www.google.com/url?sa=t&rct=j&q=&esrc=s&source=web&cd=&ved=2ahUKEwjk7576obKCAxXKWaQEHTJBAE0QFnoECBIQAQ&url=https%3A%2F%2Fwww.hiil.org%2Fwp-content%2Fuploads%2F2022%2F05%2FBesoins-et-Satisfaction-en-matie%25CC%2580re-de-justice-au-Niger-2022.pdf&usg=AOvVaw2HtJEtA5o0jCZ58KU8WHte&opi=89978449

[155] K. Mbaye, « Les droits de l'homme en Afrique », *Revue internationale de droit comparé*, Année 1993, 45-3, p. 723-726.

parties ; s'il y avait lieu des sanctions ainsi que des réparations adaptées prononcées »[156]. Contrairement à la justice formelle, c'est majoritairement la résolution du conflit qui importe et non pas la sanction qui découle du processus.

À la suite des règles internationales qui reconnaissent l'importance de la coutume dans le règlement des différends[157], le législateur nigérien en a fait de même[158] et a reconnu aux autorités traditionnelles le pouvoir de régler les différends[159] soulignant de fait l'importance de la justice

---

[156] Abdourahamane Oumarou LY, *L'accès à la justice au Niger. L'autoreprésentation devant les juridictions*, Édition L'Harmattan, 2021, p. 31.

[157] L'article 7-1 de la Charte africaine des droits de l'homme et du peuple dispose que « toute personne a droit à ce que sa cause soit entendue. Ce droit comprend : a. Le droit de saisir les juridictions nationales compétentes de tout acte violant les droits fondamentaux qui lui sont reconnus et garantis par les conventions, les lois, règlements et **coutume**s en vigueur […] »

[158] L'art. 72 de la loi 2018-37 fixant l'organisation et le fonctionnement des juridictions au Niger dispose en effet que *« sous réserve du respect des conventions internationales régulièrement ratifiées, des dispositions législatives ou des règles fondamentales concernant l'ordre public ou la liberté des personnes, les juridictions appliquent la coutume des parties : 1) dans les affaires concernant leur capacité à contracter et à agir en justice, l'état des personnes, la famille, le mariage, le divorce, la filiation, les successions, donations et testaments ; 2) dans celles concernant la propriété ou la possession immobilière et les droits qui en découlent, sauf lorsque le litige porte sur un terrain immatriculé ou dont l'acquisition ou le transfert a été constaté par un mode de preuve établi par la loi. »*

[159] L'article 18 de la loi n° 2015-01 du 13 janvier 2015 portant statut de la chefferie traditionnelle en République du Niger indique que *« le chef traditionnel dispose du pouvoir de conciliation des parties en matière coutumière, civile et de transactions foncières. Dans l'accomplissement de ses missions, le chef traditionnel peut déférer des convocations aux parties. Le chef traditionnel règle, selon la coutume, l'utilisation par les familles ou les individus des terres de cultures et des espaces*

coutumière. Dans certaines matières, comme les affaires matrimoniales et les litiges champêtres, la conciliation préalable devant les autorités coutumières est d'ailleurs obligatoire[160]. Cependant, il est apparu qu'une réforme ambitieuse en vue d'intégrer la justice coutumière dans une vision valorisante de son rôle et de son apport à l'offre de justice au Niger n'a pas été entreprise.

Il est vrai que des défis importants doivent être surmontés pour parvenir à cette fin. Il y a lieu à ce qu'un travail visant à réduire la grande diversité des coutumes soit conduit en vue de les regrouper dans des ensembles qui ne sont pas seulement ethniques, comme c'est le cas actuellement. *« Pourquoi l'application de la coutume ne serait pas territoriale ? »* s'interroge un auteur[161]. Le principe de la territorialité de la coutume[162] qui transcenderait l'ethnie et favoriserait mieux la cohésion sociale devrait être pris en compte, en effet. Il a été relevé déjà une émergence de coutumes qui s'identifient plutôt à des zones géographiques[163], ce qui peut être une base de la

---

pastoraux, sur lesquels la communauté coutumière et traditionnelle, dont il a la charge, possède des droits coutumiers reconnus, sans préjudices des dispositions du Code rural. Dans tous les cas, il dresse les procès-verbaux de conciliation ou de non-conciliation qui doivent être consignés dans un registre ad hoc dont extrait est adressé à l'autorité administrative de son ressort et à la juridiction compétente. Les procès-verbaux de conciliation signés par les parties peuvent être revêtus de la formule exécutoire par la juridiction compétente à la diligence d'une des parties. »

[160] Voir article 149 de l'ordonnance 93-015 du 2 mars 1993 fixant les principes d'orientation du Code rural.

[161] Abdourahamane Oumarou LY, *L'accès à la justice au Niger. L'autoreprésentation devant les juridictions*, Édition L'Harmattan, 2021, p. 68.

[162] Le résident d'un territoire donné, d'une ville, par exemple, se voit appliquer systématiquement la coutume locale selon ce principe.

[163] Voir Abdourahaman Chaibou, « La jurisprudence nigérienne en droit de la famille et l'émergence de la notion de coutume urbaine »

réduction de la diversité des coutumes applicables et donc une meilleure base de prise en compte de la justice coutumière pour son intégration au système étatique sans la dénaturer.

Cette démarche de territorialisation de la coutume pourra inclure la synthétisation non seulement des règles de fond mais aussi des règles procédurales, d'administration et d'admission des preuves et une amélioration et clarification de l'articulation des deux systèmes de justice qui coexistent peu ou prou déjà. Ceci faisant, les reproches faits à la justice coutumière, d'absence de clarté des règles de fond et de procédure ainsi que celles relatives à l'absence de voies de recours, pourront être remédiés, ce qui permettra à ce système de justice de donner la pleine mesure de son potentiel d'offre de justice au Niger.

Une telle prise en compte de la justice coutumière viendra également combler officiellement une bonne part du besoin de justice prétendument non satisfait. En effet, la non-prise en compte conséquente de la justice coutumière a conduit à des analyses tronquées d'un grand besoin de justice non couvert au Niger du fait de la faible couverture géographique des juridictions formelles. Pourtant, le système coutumier de justice est très présent partout, y compris dans des contrées où il n'existe aucun service public étatique. Des bénévoles, chefs coutumiers souvent, leaders communautaires parfois, prêtent, au quotidien, leur service pour la résolution d'une grande partie de litiges nés ; ils épargnent, ceci faisant, le service de justice formel d'être envahi par de nombreuses affaires qui viendraient l'engorger tout en constituant autant de facteurs d'insécurité sociale. Ils contribuent très fortement par leurs actions à éviter des conflits ou à les résoudre, ce qui n'est pas le moindre apport dans un contexte d'insécurité dû à

---

dans *Journal of Legal Pluralism and Unofficial Law*. Volume 48, 1998, pages 157-170.

l'extrémisme dont l'absence de justice en est un des facteurs[164].

C. La nécessité d'une justice transitionnelle mieux balisée

Il faut d'abord indiquer que la justice transitionnelle s'entend de l'ensemble de mesures, judiciaires ou non, prises dans un pays pour assurer la transition entre un état de conflit ou de répression et un état de paix[165]. En effet, pour construire une paix durable, le processus de sortie de crise nécessite une refondation de la société affectée par le conflit. Elle vise, à cet effet, à rétablir l'État de droit, pas seulement par le biais de la répression et de la punition des crimes, mais aussi par la réparation des victimes, la réconciliation, la réintégration et la réhabilitation des personnes impliquées, entre autres mesures[166].

Dans ce processus, des compromis sont nécessairement à faire entre les objectifs de justice et de vérité, entre les idées de paix et de justice, étant entendu que ces idéaux ne peuvent pas être atteints chacun dans leur absolu, et qu'il faut réussir à les concilier[167].

---

[164] Luc RANEIRI, « Si les victimes deviennent bourreaux », disponible au https://www.international-alert.org/fr/publications/si-les-victimes deviennent-bourreaux-facteurs-contribuant-a-la-vulnerabilite-et-a-la-resilience-a-lextremisme-violent-au-sahel-central/, consulté le 8 novembre 2023.

[165] JEAN Jean-Paul, « Comment la justice peut-elle contribuer à ce qu'un pays écrive lucidement son histoire », *in* GABORIAU Simone et PAULIAT Hélène, *Justice et démocratie*, actes du colloque organisé à Limoges les 21-22 novembre 2002, p. 239-257.

[166] Voir Maman Aminou A. KOUNDY, « La réparation accordée aux victimes d'actes de terrorisme dans les conflits sahéliens : l'exemple du Niger », in *Revue internationale de la Croix-Rouge*, volume 103, Sélection française 2022/3, p. 121-139.

[167] Voir Brou Olivier Saint-Omer KASSI. « Francophonie et justice : contribution de l'organisation internationale de la francophonie à la

Le contexte nigérien en particulier, et du Sahel en général, est, on le sait, caractérisé par l'adhésion de milliers de jeunes aux groupes terroristes[168].

D'une part, des milliers parmi eux ont été arrêtés, détenus en prison et traduits devant les juridictions. Ils finissent par en sortir rapidement du fait de l'indigence des éléments de preuve collectés ou plus tard ayant purgé leurs peines, souvent endoctrinés ou frustrés davantage. Ils constituent alors un vivier pour les groupes extrémistes, s'ils ne sont pas pris en charge par un processus qui veille à leur réintégration dans la société. D'autre part, les États, pour diverses raisons, qu'elles soient stratégiques en vue d'affaiblir les groupes extrémistes, ou autres, ont invité les personnes associées aux groupes terroristes à faire défection pour qu'elles soient prises en charge de diverses manières.

Au Niger, des combattants et autres associés au groupe Boko Haram notamment ont commencé à quitter le groupe depuis 2015. Mais c'est en 2016, suite à l'appel de reddition volontaire lancé par le gouvernement, promettant une amnistie aux personnes associées à ce groupe terroriste, que les défections ont été importantes. Le gouvernement a alors créé un centre d'accueil des personnes associées à Boko Haram ayant fait acte de reddition volontaire à Goudoumaria par arrêté du 4 février 2019 du ministère en charge de l'Intérieur. Ce cadre légal s'appuie sur la stratégie de sortie de crise de la région de Diffa et le document-cadre de prise en charge de la reddition des éléments du groupe Boko Haram. Il a apporté une base juridique adéquate à la

---

construction de l'État de droit ». Thèse Université de Bordeaux, 2015 aux pages 519 et s.

[168] Voir Maman Aminou A. KOUNDY, « Boko Haram, l'histoire d'une méconnaissance de droits de l'homme », juillet 2016, fiche de recherche, Irenées, disponible au https://www.irenees.net/bdf_fiche-analyse-1082_fr.html, consulté le 8 novembre 2023 ; Luc RANEIRI, « Si les victimes deviennent bourreaux », *op. cit.*

création du centre, dont la mise en place a débuté en février 2017.

Le processus a permis la reddition d'au moins 375 ex-associés de Boko Haram, dont 30 femmes. Ils ont tous fait l'objet de suivi du programme de réinsertion socio-économique du centre[169]. Ce programme consiste notamment en un processus de formation et d'un accompagnement psychosocial, à l'issue duquel les ex-associés reçoivent un certificat de sortie, une attestation de formation professionnelle, un kit d'installation et une prime d'installation de 50 000 francs CFA. Ils prononcent également un serment coranique collectif de renonciation à l'extrémisme violent. En amont de leur acceptation dans le programme, les personnes éligibles font l'objet d'un triage, en collaboration avec les parquets en charge de la poursuite en matière de terrorisme. Ce triage permet d'exclure du processus les personnes qui ont commis des crimes de guerre et des crimes contre l'humanité. Celles-ci sont orientées plutôt dans le processus pénal pour faire l'objet de poursuites.

Parallèlement, en vue de faciliter la réintégration des ex-associés et de prendre en compte les besoins des communautés d'accueil, des séances de sensibilisation ont été organisées et un programme de soutien socio-économique au profit de 600 jeunes de ces communautés a été mis en œuvre pour soutenir et renforcer leur résilience à l'extrémisme violent.

Il s'agit là d'un programme qui veille à ce que les objectifs de justice et ceux de la paix ne soient pas exclusifs. Toutefois, outre que ce processus souffre de manque de

---

[169] Jeannine Ella ABATAN et Remadji HOINATHY, « Réussir Goudoumaria : les ex-associés de Boko Haram se réintègrent-ils ? » ISS, 8 déc. 2021 ; https://issafrica.org/fr/iss-today/reussir-goudoumaria-les-ex-associes-de-boko-haram-se-reintegrent-ils, consulté le 24 janvier 2022.

financement conséquent, il est limité dans la région de Diffa et ne semble pas faire école dans l'ouest du pays, région pourtant confrontée à des défis aigus de sécurité du fait des incursions des groupes terroristes dans les zones frontalières du Mali et du Burkina. Alors même qu'il est indispensable pour une sortie de crise durable. Outre cela, il y a un besoin de mieux baliser le cadre conceptuel et juridique de cette justice transitionnelle au Niger pour en faire un outil de première importance et non un mécanisme marginal comme il l'est actuellement.

Il apparaît alors qu'une bonne gouvernance judiciaire ne pouvait ignorer la mise en place d'un cadre légal et institutionnel adéquat et général de justice transitionnel dans un pays affecté par le conflit comme l'est le Niger. Cependant, le constat est que le ministère de la Justice semble ne prendre qu'une part résiduelle dans ce processus conduit jusqu'ici par diverses institutions et ministères alors même qu'une vision de cohérence commande qu'il y ait, dans ce processus, un cadre légal et de concertation au centre duquel se trouve le ministère chargé de la Justice.

D. L'évolution d'autres organes d'offre de service

Il s'agira ici de voir les réformes entreprises concernant l'Agence nationale d'assistance juridique et judiciaire (ANAJJ) et celles concernant l'École de formation judiciaire du Niger (EFJN).

1. L'Agence nationale de l'assistance juridique et judiciaire (ANAJJ)

L'égal accès de tous aux services juridiques et judiciaires est une condition essentielle pour un bon fonctionnement de l'État de droit. Il est, comme le rappellent de nombreux instruments juridiques, essentiel à la protection des droits de l'homme. Ainsi, la Déclaration universelle des droits de l'homme consacre les principes que sont l'égalité devant la loi, la présomption d'innocence, le droit à un procès équitable et public par un tribunal indépendant et impartial, auxquels s'ajoutent toutes les garanties nécessaires à la défense de quiconque est accusé d'une infraction pénale. L'article 14 du Pacte international relatif aux droits civils et politiques accorde quant à lui, entre autres garanties minimales, le droit d'être jugé sans délai, le droit à un procès équitable et public par un tribunal compétent, indépendant et impartial institué par la loi et le droit *« d'être présent au procès et de se défendre soi-même ou d'avoir l'assistance d'un défenseur de son choix ; si l'on n'a pas de défenseur, d'être informé de son droit d'en avoir un, et, chaque fois que l'intérêt de la justice l'exige, de se voir attribuer d'office un défenseur, sans frais »*. L'ensemble de principes pour la protection de toutes les personnes soumises à une forme quelconque de détention ou d'emprisonnement dispose, quant à lui, qu'un détenu doit pouvoir se faire aider d'un conseil, tandis que l'ensemble de règles minima pour le traitement des détenus recommande de fournir une assistance judiciaire aux détenus en attente de jugement.

Il apparaît clairement que l'ensemble de ces règles du droit international invite les États à veiller à ce que l'accès à la justice puisse être garanti, y compris par une assistance judiciaire aux justiciables. Dans un contexte où la justice demeure inaccessible à beaucoup de Nigériens[170], il est dès

---

[170] Il ressort de l'enquête du ministère de la Justice du Niger que 48,5 % des personnes ne connaissent pas le service de justice le plus proche. La proportion des personnes enquêtées qui connaissent les rôles et attributions des juges est de 93,1 % chez les personnes ayant un niveau d'instruction supérieur alors qu'elle n'est que de 13 % chez les personnes à niveau d'instruction préscolaire. La proportion des personnes qui la connaissent est d'environ 44 % chez les personnes ayant atteint le niveau d'instruction supérieur tandis qu'elle n'est que de 15 % chez les personnes non instruites. Voir INS et ministère de la Justice, « Rapport final de l'enquête nationale sur la corruption en milieu judiciaire et les autres phénomènes sociaux », mai 2018.

lors indispensable qu'aussi bien le dispositif légal que la pratique puissent prévoir l'assistance judiciaire pour garantir l'égal accès à la justice.

C'est pour remplir cette obligation que le Niger a créé un établissement public à caractère administratif doté de la personnalité morale, d'un patrimoine propre et de l'autonomie financière, dénommé Agence nationale d'assistance juridique et judiciaire (ANAJJ)[171]. Il a pour mission de rendre disponible l'assistance juridique et judiciaire, gratuitement, en définissant les orientations et en supervisant l'exécution des programmes en la matière. Toutefois, au démarrage de ses activités, cette institution a connu des difficultés de mise en œuvre de son programme eu égard à la réticence du barreau à accepter le mode de gestion des fonds de l'assistance qui relèverait de l'ANAJJ. Mais un compromis trouvé en 2017 entre le ministère de la Justice et le barreau, qui a consisté à mettre à la disposition du barreau les fonds d'assistance judiciaire par le moyen d'une convention, a permis la mobilisation des avocats afin d'assurer l'assistance judiciaire. Ce mécanisme fonctionne actuellement avec, toutefois, une implication à minima des avocats dans la défense des personnes assistées par son biais du fait, sans doute, de la modicité des montants à eux payés. Il faut préciser que les ressources de l'ANAJJ proviennent de la subvention annuelle de l'État dont les 50 % sont versés au barreau pour sa participation à l'assistance judiciaire.

Par ailleurs, le décret n° 2014-578/PRN/MJ du 26 septembre 2014 prévoit le versement d'un montant forfaitaire de cinquante mille (50 000) francs CFA au Défenseur commis d'office (DCO), (qui ne sont pas des

[171] Par la loi n° 2011-42 du 14 décembre 2011, fixant les règles applicables à l'assistance juridique et judiciaire et créant un établissement public à caractère administratif dénommé « Agence nationale de l'assistance juridique et judiciaire ».

professionnels du droit, mais des parajuristes formés à la défense des personnes poursuivies) par dossier et par palier de procédure. Mais l'agence n'arrive pas, en dépit de la modicité du montant forfaitaire prévu, à s'acquitter de cette obligation par manque de ressources financières. Cette situation augmente les créances de l'ANAJJ vis-à-vis des Défenseurs commis d'office et est de nature à impacter négativement ses actions.

L'ANAJJ apparaît ainsi comme un véritable maillon de lutte contre le coût et l'inégal accès à la justice des citoyens, surtout les plus vulnérables. Cependant, l'insuffisance des ressources fait que les objectifs de l'institution ne sont pas pleinement atteints. En effet, la subvention de l'État a toujours été insignifiante au regard des objectifs fixés. De même, le manque de personnel qualifié entrave son fonctionnement adéquat[172]. De plus, sa couverture géographique n'est pas à même de favoriser l'accès adéquat à ses services. En effet, les services de l'ANAJJ ne sont présents que dans les TGI et donc dans les centres urbains, alors même que la plus grande partie des Nigériens indigents, donc ayant besoin de l'assistance judiciaire, habitent dans le monde rural.

Par ailleurs, dans le cadre d'une prise en compte des systèmes de justice coutumière et de leur ancrage au mécanisme formel étatique, l'ANAJJ peut jouer un rôle fondamental. En effet, eu égard à ses objectifs d'égal accès à la justice[173], elle peut se voir adjoint la responsabilité de la coordination des activités de la justice coutumière par la prise en charge des acteurs et la collecte et l'exploitation

---

[172] Source : interview avec les acteurs.

[173] À l'analyse, l'ANAJJ n'assure aujourd'hui, peu ou prou, l'accès à la justice qu'à une infime partie des 10 % de justiciables dont les affaires parviennent à la justice formelle étatique alors même que la plus grande partie des justiciables nigériens recourent plutôt au système coutumier de justice.

des données y relatives. En cela, elle peut être un mécanisme d'inclusion de systèmes de justice et, mieux, de réduction de l'inégalité d'accès à la justice entre les centres urbains et le milieu rural.

2. L'École de formation judiciaire du Niger (EFJN)

La qualité de l'offre de la justice au Niger est considérablement réduite pour raison d'insuffisance des ressources humaines. La création de l'École de formation judiciaire du Niger (EFJN) vise justement à y pallier par la formation du personnel judiciaire. Cette école a ainsi la vocation de former sur place :

- des magistrats ;
- des greffiers ;
- des avocats ;
- des notaires ;
- des huissiers de justice ;
- des commissaires-priseurs ;
- du personnel de l'administration pénitentiaire ;
- des agents et auxiliaires des services judiciaires.

Créée suivant décret n° 2015-583 du 10 novembre 2015, l'École de formation judiciaire du Niger n'a pour le moment ouvert que trois de ses sections. D'abord, la section magistrature qui a à son actif, de son ouverture en 2017 à ce jour[174], quatre (4) promotions. Il s'agit de la première promotion qui compte seize (16) magistrats, de la deuxième qui en compte cinquante (50), de la troisième qui en compte quarante-sept (47) et de la quatrième qui en compte cinquante (56) qui est en cours de formation (janvier 2024). Ce qui a permis de rehausser le nombre de magistrats et d'apporter un plus au ratio magistrat/habitants. Ensuite, la section des greffes qui assure pour le moment la formation des professionnelles pour leur accession à des grades supérieurs, ce qui n'ajoute pas au nombre de greffiers en

---

174 Novembre 2023.

exercice. Enfin, la section dédiée à la formation des cadres de l'administration pénitentiaire, qui a assuré, pour le moment[175], la formation de premières promotions de quarante-cinq (45) inspecteurs et quatre-vingt-dix (90) contrôleurs. Ce nouveau personnel, spécialisé, du cadre de l'administration pénitentiaire, permettra au Niger de se conformer aux exigences internationales, notamment en ce qui concerne l'humanisation du milieu carcéral et la réinsertion des détenus.

L'EFJN assure également la formation continue des acteurs judiciaires pour une justice de qualité. S'agissant des autres sections relatives aux autres corps judiciaires, l'école entend, à court terme, lancer le concours pour la formation des premières promotions de greffiers entrant dans le corps et des surveillants pour la section administration pénitentiaire.

Si la formation des acteurs judiciaires est admise comme une condition *sine qua non* de la qualité de l'offre de justice, il semble que sa concrétisation tarde au Niger. La création de l'école s'est faite sans que les moyens pour son envol ne puissent être mobilisés ou programmés. Elle est encore dans des bâtiments de location huit (8) ans après sa création et souffre de manque de moyens humains et budgétaires. En effet, l'école fonctionne avec un personnel administratif minimal d'une dizaine d'agents toutes catégories confondues en recourant à des praticiens pour assurer les enseignements. À ce niveau, il est relevé que ces formateurs n'ont pas reçu de formation pédagogique particulière et se débrouillent avec leurs connaissances pratiques des matières qu'ils enseignent, elles-mêmes non entretenues par des formations continues, parfois sans mises à jour de l'évolution du contexte légal et pratique. L'EFJN manque cruellement de moyens budgétaires et recourt régulièrement

---

[175] En novembre 2023.

aux apports de ses partenaires internationaux pour ses activités.

Il parait essentiel, pour une vision de l'atteinte des objectifs d'un accès à une justice de qualité, de veiller à ce que cet outil précieux puisse faire l'objet d'une prise en compte adéquate, en vue de former des professionnels de qualité pour le secteur judiciaire nigérien.

E. Regard sur certains corps professionnels d'offre de service du secteur judiciaire

A priori, un regard de l'extérieur du corps judiciaire aurait tendance à faire porter aux seuls magistrats l'entière responsabilité de la (mauvaise ?) qualité de l'offre de justice en éludant volontairement, ou pas, le rôle pourtant fondamental de tous les autres corps judiciaires dans la délivrance du service public de la justice. En effet, des composantes essentielles du corps judiciaire agissent de concert avec la magistrature, et celle-ci ne saurait faire fonctionner le secteur sans leurs apports, au risque d'illégalité, d'inefficacité ou de mauvaise qualité.

Cependant, peu de justiciables font une distinction entre juges, procureurs, greffiers, avocats, huissiers ou notaires. Pour eux, tous portent la fameuse toge noire qui symbolise le pouvoir judiciaire[176]. De plus, l'ésotérisme et la complexité des règles de la mise en scène quotidienne de la justice couplée à la langue technique juridique, *« truffée*

---

[176] Pourtant, les toges ne sont pas pareilles d'un corps judiciaire à un autre. Leurs spécifications, déterminées par des textes légaux, se limitent toutefois à des détails relatifs au type de tissu, au rabat, à la cravate, aux manches, aux épaulettes, etc., ce qui ne permet pas d'évidence même à certains professionnels du domaine de les distinguer à première vue. Pour des détails, voir Antoine GARAPON, *Bien juger, essai sur les rituels judiciaires*, Éditions Odile Jacob (2001), pages 71 à 91.

d'archaïsme »[177], sont toujours déroutants pour le profane. Pourtant, aussi bien les greffiers, les secrétaires des greffes et parquets, les avocats, les huissiers, les notaires que les agents de l'administration pénitentiaire jouent un rôle, peu mis en exergue, dans la perception du citoyen sur le secteur judiciaire.

Il faut, pour le besoin de l'analyse qui suit, distinguer les professionnels qui relèvent de la fonction publique de ceux qui exercent des professions libérales.

D'une part, concernant ceux qui relèvent de la fonction publique, ils sont régis par la loi 2014-61 du 5 novembre 2014 portant statut autonome du personnel du cadre des services judiciaires. Ce groupe comprend le corps des agents des greffes et parquets, le corps des secrétaires des greffes et parquets, le corps des greffiers et attachés de parquets, le corps des greffiers divisionnaires, le corps des greffiers centraux et le corps des greffiers principaux.

Concernant les greffiers, ce sont des agents importants du dispositif judiciaire. En effet, ils sont, selon leur catégorie, chargés de l'encadrement, de la direction et de l'organisation des services judiciaires, de la tenue de la plume lors des audiences, de la conservation des minutes des jugements et des arrêts rendus, et délivrent le cas échéant des grosses[178], des extraits ou des expéditions, entre autres. Leur contreseing est nécessaire pour la validité de nombreux actes judiciaires.

Cependant, le constat est que divers défis propres à ce corps contribuent à la dégradation de la perception de la

---

[177] Mahaman TIDJANI ALOU, « La justice au plus offrant : Les infortunes du système judiciaire en Afrique de l'Ouest (autour du cas du Niger »), dans *Politique africaine* 2001/3 (n° 83), page 70, Éditions Karthala.

[178] Il s'agit d'un terme technique judiciaire qui désigne la copie d'une décision judiciaire ou d'un acte notarié qui comporte la formule exécutoire. Elle est délivrée lorsque la décision peut être mise à exécution.

justice nigérienne. En effet, la plupart des observateurs relèvent une dégradation continue du niveau de la qualité professionnelle des greffiers. Il est relevé qu'une bonne partie de ces professionnels ne parvient plus à tenir convenablement la plume, c'est-à-dire à transcrire fidèlement les débats judiciaires lors des audiences ou des interrogatoires dans les cabinets judiciaires. La qualité de l'écriture laisse à désirer et la conscience professionnelle semble avoir quitté une bonne proportion de ces professionnels. L'assiduité n'est plus de mise et le respect à la hiérarchie et aux usagers un lointain souvenir chez beaucoup. De plus, du fait de leur place centrale dans les juridictions et, sans doute, du fait d'un revenu peu à même de leur permettre de défendre leur honorabilité dans un milieu où les autres corps judiciaires ont des revenus de loin plus attractifs, de nombreux greffiers ont cédé à la tentation de la corruption et sont devenus des interfaces entre les justiciables et certains juges véreux, en plus de créer des réseaux informels de délivrance d'actes et jugements divers sollicités par les usagers, moyennant des frais indus.

Sur ce dernier point, les greffiers sont en concurrence avec les secrétaires des greffes et parquets, un autre corps à revenus très modiques. En effet, eu égard à leur rôle dans l'établissement d'un grand nombre de documents d'état civil, de nationalité et de casier judiciaire, les agents de ce corps sont les premiers contacts des justiciables avec le monde judiciaire. Ils s'érigent en conseiller et en agent d'information et de renseignement, par un mécanisme de gentillesse intéressée[179].

Le second corps public du secteur judiciaire a été institué par la loi n° 2017-09 du 31 mars 2017, portant statut autonome du personnel du cadre de l'administration

---

[179] Voir Mahaman TIDJANI ALOU, « La justice au plus offrant : Les infortunes du système judiciaire en Afrique de l'Ouest (autour du cas du Niger) », *op. cit.*

pénitentiaire au Niger. Cette loi a créé trois corps professionnels de l'administration pénitentiaire. Il s'agit du corps des inspecteurs, du corps des contrôleurs et du corps des surveillants. Ce texte a déterminé également les règles statutaires générales et particulières applicables à ce personnel. Elles s'appliquent également aux agents nommés en qualité de stagiaires dans les différents corps du cadre du personnel de l'administration pénitentiaire.

La réforme vise, *in fine,* à remplacer les personnels de la Garde nationale du Niger (GNN) dans le rôle qu'ils exercent encore, sans relever du ministère de la Justice, de surveillant et gestionnaire des centres pénitentiaires au Niger. L'objectif est également d'apporter des solutions aux inconduites relevées de violations de droits humains, de manque de professionnalisme dans la gestion des prisons et des passe-droits instaurés dans le milieu carcéral. Cette réforme intervient, en effet, en vue de professionnaliser un domaine aussi sensible qu'important dans la gouvernance judiciaire du pays, par les enjeux relatifs au respect des droits de l'homme et aux risques sécuritaires qu'elle implique. La phase pilote de sa mise en œuvre a commencé avec le déploiement de la première vague des agents formés dans les centres pénitentiaires[180]. Cependant, il a été relevé que des réticences importantes sont observées par le personnel des GNN en vue d'accompagner cette réforme eu égard, sans doute, à la remise en cause des avantages acquis par eux dans l'exercice de ces fonctions. De plus, il y a un risque évident de contagion, des nouveaux agents déployés, qui demeurent des stagiaires sous la responsabilité des cadres des GNN censés les encadrer, par les mauvaises pratiques qui peuvent leur être distillées.

D'autre part, concernant les acteurs exerçant des professions libérales, il y a lieu de distinguer, entre les avocats, les notaires et les huissiers.

---

[180] Février 2023.

D'abord en ce qui concerne l'avocat, il est un élément du corps judiciaire qui a pour mission de représenter ou d'assister les parties devant les tribunaux, les conseils disciplinaires et les administrations publiques pour défendre, verbalement ou par écrit, l'honneur, la liberté, la vie et les intérêts de ses clients, pour les comptes desquels il peut aussi rédiger des contrats. Sa présence aux côtés des justiciables est éminemment importante pour les rassurer et les guider dans les labyrinthes de la justice. Elle l'est aussi pour aider les acteurs judiciaires dans la prise de bonnes décisions de justice, par le rappel qu'il fait, sans cesse, de se conformer aux dispositifs légaux et/ou à l'équité.

C'est principalement le règlement n° 005/2014/CM/UEMOA relatif à l'harmonisation des règles régissant la profession d'avocat dans l'espace UEMOA du 25 septembre 2014 qui règlemente la profession d'avocat au Niger. Il est, en cela, complété par la loi n° 2004-42 du 8 juin 2004 portant réglementation de la profession d'avocat en ce qu'elle dispose de non contraire audit règlement. Ces deux textes prévoient les conditions d'exercice de la profession ainsi que le régime disciplinaire applicable.

Malgré l'importance de l'avocat ainsi rappelé, il est à relever l'insuffisance de leur nombre au Niger. Ils sont actuellement[181] au nombre de cent cinquante (150), dont vingt-deux (22) avocats stagiaires regroupés au sein d'un seul barreau[182]. Les avocats nigériens sont dans leur quasi-totalité installés à Niamey et ne se rendent dans des juridictions de l'intérieur du pays que lorsqu'ils sont sollicités par des clients particuliers ou réquisitionnés par des mécanismes étatiques. Si ce nombre insuffisant est un facteur qui réduit fortement l'offre d'une justice de qualité, ce sont plutôt les inconduites de nombreux avocats, en

---

[181] Novembre 2023.

[182] Source : barreau du Niger, novembre 2023.

violation des règles éthiques et déontologiques qui devraient les guider, qui jettent une ombre sur tout le corps judiciaire.

Ainsi, il a été dénoncé de nombreuses fois un type d'avocat que d'aucuns ont qualifié de *« porteur de valise »*[183]. Ce type d'avocats inciteraient leurs clients, parties à un procès, à prévoir la *« part du juge »* dans les frais à leur payer, à charge pour eux de les transmettre au destinataire. Il s'agit d'une démarche visant à négocier, moyennant la corruption, la décision du juge au profit de leur client, pour ceux qui ont accédé, au réel, à *un juge partenaire*, et une escroquerie pure et simple pour ceux qui ne vont jamais pouvoir accéder au juge, et qui n'utiliserait le subterfuge que pour soutirer davantage des frais à leurs clients. Dans les deux cas, ils participent à entretenir cette image qui veut que l'on puisse acheter les décisions de justice.

Ensuite, il y a ces cas de nombreux avocats qui, ayant reçu des fonds destinés à leurs clients, s'en sont approprié sans pouvoir les rembourser, y compris dans des procédures d'héritage ou de dédommagement pour expropriation pour cause d'utilité publique ;[184] certains, dans les mêmes contextes, ont allégué des charges et frais fictifs pour facturer les clients au point de les spolier d'une grande partie des gains obtenus judiciairement.

---

[183] Du mot de l'ancien ministre la Justice Marou Amadou, qui avait répondu à une interpellation du barreau, voir https://levenementniger.com/lordre-des-avocats-du-niger-porte-plainte-contre-marou-amadou-ministre-de-la-justice-garde-des-sceaux-pour-diffamation-et-injures-par-voie-electronique/, consulté le 13/11/2023.

[184] En violation du principe de centralisation des fonds, effets ou valeurs reçus par les avocats dans un compte unique géré par une Caisse autonome de règlements pécuniaires des avocats (CARPA) instituée à cet effet. Voir art. 78 du règlement n° 05, *op. cit.*

Enfin, il y a ces cas de connivence entre avocats de parties adverses pour faire perdre le client d'un d'entre eux. Dans ce cas, l'avocat refuse d'utiliser ses connaissances juridiques et techniques, en omettant volontairement de produire les éléments de preuve en faveur de son client, ou d'user des voies de recours ou en s'abstenant d'être présent lors des phases cruciales de la procédure. Ce genre de comportement a conduit de nombreuses fois les justiciables à des pertes énormes, comme dans les cas nombreux où des familles ont perdu leur unique maison d'habitation et se sont vues expulsées du fait de la compromission de leur avocat.

D'autres types d'inconduites, qu'on peut qualifier de déloyales vis-à-vis de l'appareil judiciaire et de ses organes, sont également relevées. Parmi ces cas, il est recensé que tel avocat a soustrait frauduleusement du dossier judiciaire des pièces favorables à son adversaire ; tel autre a sollicité et obtenu un renvoi pour aller finaliser son entreprise et a mis ainsi la juridiction devant le fait accompli. Cependant, les déloyautés les plus visibles dans ces entreprises sont relatives aux recours intempestifs que certains avocats font aux médias audiovisuels et aux réseaux sociaux pour souvent vilipender les décisions de justice et jeter l'anathème sur le corps judiciaire, par des insinuations à peine voilées sur la corruption ou la connivence des acteurs judiciaires avec le pouvoir exécutif. Ce faisant, ils sortent du cadre judiciaire qui leur ouvre pourtant les voies de recours et leur permet de critiquer les décisions de justice, et non pas les acteurs judiciaires. De même, ils indiquent, maladroitement, aux justiciables de ne plus faire confiance aux décisions de justice ni aux corps judiciaires, y compris eux avocats, puisque leur rôle de défense ne change absolument rien dans le cours des procès ; mais de plutôt recourir à des voies autres que judiciaires, celles de la corruption ou de la violence.

Malgré ces différentes inconduites des avocats nigériens, qui sont autant de facteurs d'affaiblissement, et donc de mauvaise gouvernance du secteur judiciaire, il apparaît que les mécanismes de redevabilité institués, notamment le conseil de discipline[185], ne sévissent que très peu. Pourtant, la plupart de ces comportements rentrent bien dans la qualification de fautes disciplinaires prévues par l'art. 63 du règlement n° 005/2014/CM/UEMOA relatif à l'harmonisation des règles régissant la profession d'avocat dans l'espace UEMOA qui dispose que *« sans préjudice des poursuites pénales, tout manquement aux règles professionnelles, à la probité, à l'honneur, à la dignité, à la loyauté, à la modération ou à la délicatesse, même se rapportant à des faits extraprofessionnels, expose l'Avocat qui en est l'auteur aux sanctions disciplinaires énumérées dans le présent Règlement ».* Même lorsque l'organe disciplinaire a sanctionné, il a été observé que des acteurs véreux ont pu réintégrer le corps des avocats, en obtenant l'annulation de leur décision, et sont devenus autant de taches sombres sur le corps judiciaire noble, qui devait être gardé, en principe, immaculé.

En qui concerne les notaires, c'est la loi n° 2018-35 du 24 mai 2018 portant statut des notaires ainsi que son décret d'application qui régissent ce corps. La loi 2018-35 définit le notaire comme étant un *« officier public assermenté qui a qualité pour rédiger les actes et contrats auxquels les parties doivent ou veulent faire donner le caractère d'authenticité attaché aux actes de l'autorité publique pour en assurer la date, en conserver le dépôt, en délivrer des*

---

[185] En effet, article 61 du règlement n° 5 UEMOA, relatif à la profession d'avocat dispose qu'*« il est institué, au sein de chaque barreau, un Conseil de discipline qui connaît des faits reprochés à un avocat ou à un avocat stagiaire, de même qu'à un ancien avocat dès lors qu'à l'époque où les faits ont été commis, il était inscrit au tableau, sur la liste du stage ou sur la liste des avocats honoraires d'un barreau ».*

grosses, expéditions et extraits ». Cette loi a prévu la possibilité, pour deux ou plusieurs notaires titulaires d'office individuel, de constituer entre eux une Société civile professionnelle de notaires (SCPN) ayant pour objet l'exercice en commun de la profession[186]. Quant au décret d'application, il a institué la possibilité d'exercer la profession de notaire en qualité de notaire salarié[187]. La nomination d'un tel notaire est faite par arrêté du ministre de la Justice, sur demande conjointe du titulaire de l'office et de l'intéressé. Le notaire salarié doit être lié à son employeur, personne physique ou morale, par un contrat de travail dont un modèle type est établi par la chambre nationale des notaires et annexé à son règlement intérieur.

Sur la redevabilité du notaire, il faut relever, d'une part, l'obligation pour les notaires de souscrire à une police d'assurance pour la réparation des dommages susceptibles d'être commis à leurs clients[188] et, d'autre part, l'obligation de tenir une comptabilité. Pour veiller à l'application de ces prescriptions, le décret d'application a prévu un système de contrôle en instituant un mécanisme de contrôle dévolu à la Chambre nationale des notaires[189] qui est chargée de vérifier, au moins une fois par an et chaque fois que ce sera nécessaire, le respect par ses membres des règles de la tenue de la comptabilité. Outre les vérifications annuelles, les

---

[186] Art. 17 du décret n° 2020-295/PRN/MJ du 17 avril 2020 portant modalités d'application de la loi n° 2018-35 du 24 mai 2018 portant statut des notaires.

[187] Art. 20 du décret n° 2020-295/PRN/MJ du 17 avril 2020 portant modalités d'application de la loi n° 2018-35 du 24 mai 2018 portant statut des notaires.

[188] Art. 86 du décret n° 2020-295/PRN/MJ du 17 avril 2020 portant modalités d'application de la loi n° 2018-35 du 24 mai 2018 portant statut des notaires.

[189] Art. 80 du décret n° 2020-295/PRN/MJ du 17 avril 2020 portant modalités d'application de la loi n° 2018-35 du 24 mai 2018 portant statut des notaires.

études de notaire peuvent faire l'objet d'inspection occasionnelle portant sur une question particulière[190]. L'inspection occasionnelle a lieu de façon inopinée. Elle est exercée par le procureur général près la Cour d'appel du ressort agissant soit d'office, soit sur instructions du ministre en charge de la Justice. Le procureur général peut déléguer ses attributions à tout autre magistrat du parquet.

Malgré l'existence de ces mécanismes de redevabilité, il a été relevé ces dernières années une dégradation de l'éthique et du professionnalisme dans le corps des notaires. Ainsi, des poursuites pénales ont dû être engagées contre des grands ténors du notariat du Niger et certains ont été condamnés à des peines d'emprisonnement. La plupart des inconduites sont en lien avec les transactions immobilières. Il a été constaté que de nombreux notaires ont, privilégiant sans doute le gain pécuniaire rapide, manqué à leurs obligations de vérification des mandats des vendeurs et ont contribué, par leur authentification, à spolier des propriétaires de leurs biens.

Le corps des huissiers est, quant à lui, régi par la loi 2020-063 du 3 décembre 2020 portant statut des huissiers de justice, commissaires-priseurs. Cette loi devrait être complétée par un décret d'application, mais celui-ci tarde à être pris. L'huissier est un officier ministériel qui dresse les actes et exploits, il procède aux recouvrements des créances, des taxes et impôts, dresse des procès-verbaux de constatation, assure les services des audiences dans les juridictions, procède aux ventes aux enchères, exécute les décisions judiciaires, etc.[191]

Dans le cadre de l'exercice de sa profession, il bénéficie de la protection de la loi mais est soumis à un ensemble

---

[190] Art. 89 du décret n° 2020-295/PRN/MJ du 17 avril 2020 portant modalités d'application de la loi n° 2018-35 du 24 mai 2018 portant statut des notaires.

[191] Voir art. 3 de la loi 2020-63 du 3 décembre 2020.

d'obligations qui consistent à son apport dans la bonne marche de l'administration de la justice et qui visent à préserver sa probité[192]. Cependant, il a été constaté des manquements à ces obligations. D'une part, il a été relevé par les acteurs judiciaires que le manquement à leurs obligations, dans le cadre de la remise des cédules de citation, des assignations et autres actes visant à faire venir un justiciable devant les juridictions, est un des facteurs importants de la lenteur judiciaire. De nombreuses procédures judiciaires ont dû, en effet, être renvoyées ou annulées du fait que les actes d'huissier, qui devaient les initier, ou permettre de les poursuivre, sont irréguliers ou n'ont pas été servis aux destinataires. Cela a conduit à préjudicier les intérêts de nombreux justiciables et à les faire perdre des procès ou, tout au moins, à retarder leurs procédures.

D'autre part, il a été relevé de nombreux cas de forfaiture, dans lesquels des huissiers se sont érigés en justiciers et ont tranché des litiges au lieu de s'en tenir à leur rôle, ont exécuté des décisions judiciaires non exécutoires ou, pire, ont usé de faux pour introduire des procédures judiciaires contre des personnes fictives sur des biens précis appartenant à des tiers. Ils ont, de ce fait, trompé la vigilance du juge, obtenu une décision de justice, pour enfin l'exécuter, y compris en démolissant des immeubles, indûment. S'il est vrai que des procédures pénales et disciplinaires ont été engagées dans de nombreux cas, dans beaucoup d'autres, les auteurs de ces forfaitures échappent à la sanction et continuent à jeter, par leur comportement, l'opprobre sur l'ensemble du secteur judiciaire nigérien.

---

192 Voir art. 23 à 27 de la loi susvisée.

Chapitre V
Le financement de la justice au Niger

Il est indéniable que pour atteindre ses objectifs, la justice doit disposer des ressources financières suffisantes. Cependant, il est apparu que le financement du secteur s'est caractérisé au Niger par un amenuisement progressif du budget alloué au ministère de la Justice. Certes, d'autres partenaires lui viennent en appui à travers la mise en œuvre de certains projets, mais le manque d'une base de données relatives à ces appuis ne permet pas une appréciation efficiente de ces types d'interventions.

A. Le financement de la justice par l'État nigérien

L'exécution de dépenses de 2017 à 2020 montre une consommation des crédits libérés à près de 95 % pendant que le taux de crédits libérés par rapport à ceux votés est de plus de 90 %. La désagrégation selon la nature de dépenses indique une consommation de 100 % au niveau de l'unique projet du ministère et de plus de 98 % pour les dépenses du personnel[193]. Cette performance de consommation observée sur le cumul de dépenses de la période susvisée révèle les besoins grandissants du ministère au regard des défis auxquels il a pu faire face.

Il est cependant regrettable de constater que d'un point de vue général, les ressources financières allouées au ministère de la Justice sont restées progressivement réduites. C'est le cas du budget 2021 qui ne représente que 0,46 % du Budget national. Ce qui est notoirement insuffisant pour un ministère appelé à jouer un rôle de premier plan en matière de bonne gouvernance du pays.

Cependant, ayant relevé qu'une justice de qualité repose aussi sur un cadre de vie et de travail progressivement

---

[193] Source : ministère de la Justice.

amélioré, le président de la République du Niger[194] a annoncé le relèvement du budget du ministère de la Justice pour l'exercice de 2022. En effet, de 13,02 milliards en 2021, le budget est passé à 19,24 milliards en 2022, soit une hausse de 47,7 % entre les deux années. En valeur absolue, cela fait une augmentation de 6,22 milliards. C'est une tendance qui peut être salutaire pour l'amélioration de la gouvernance du secteur de la justice.

Cependant, il faudra, sans aucun doute, un effort important de plaidoyer de la part de l'administration centrale de la justice, pour convaincre les interlocuteurs du ministère des Finances lors des séances d'arbitrage budgétaire. En effet, il y a certainement un travail ardu à faire pour budgétiser les besoins réels du secteur et éviter les simples reconductions des budgets des années antérieures tels que cela est remarqué aujourd'hui, selon les acteurs. De nombreux chantiers sont à conduire pour relever le niveau d'offre de la justice au Niger au point où des efforts d'innovation des approches budgétaires sont nécessaires. S'il a été relevé des réticences à financer le secteur judiciaire et des coupes budgétaires intempestives par les autorités d'arbitrage budgétaires du ministère des Finances, c'est, sans doute, parce qu'elles ont considéré que les activités du secteur de la justice ne sont pas une source de revenus pour l'État. Pourtant, un petit effort de collectes de données aurait pu faire changer cet avis tronqué. D'abord, quel financier pourrait évaluer la valeur marchande de la quiétude sociale qu'apporte une justice, y compris coutumière, qui fonctionne convenablement ? Quelle est la part de la confiance en la justice dans les investissements faits dans un État ? Ensuite, plus faciles à comptabiliser, de nombreux actes judiciaires sont assortis

[194] Discours du président de la République, président du Conseil supérieur de la magistrature lors de la réunion dudit Conseil le 28 septembre 2021.

des timbres fiscaux et des payements des impôts avant leur validité. L'apport de la justice est à ce niveau ignoré. Pourtant, il est très important[195]. Enfin, les saisies et confiscations faites au profit de l'État mériteraient de faire l'objet d'une prise en compte pour évaluer l'apport de la justice au budget de l'État. Il faudra, d'évidence, pour toutes ces évaluations une collecte préalable de données y relatives, et le ministère de la Justice ainsi que les structures des corporations du secteur ne devraient pas lésiner sur une telle tâche.

En outre, il y a lieu de veiller à ce que les acteurs judiciaires en charge de l'établissement des pièces d'exécution puissent le faire. En effet, il est constaté que depuis quelques années, bien que les juridictions nigériennes continuent à infliger des peines d'amende, parfois forte, le recouvrement de ces condamnations ne se fait que très insuffisamment. Les acteurs semblent ne plus accorder d'importance à l'exécution des décisions d'amende au point où la technique de l'établissement des pièces d'exécution n'est plus maîtrisée par les greffiers censés les dresser[196]. Conséquemment, il est très probable

---

[195] Par exemple, le tribunal de grande instance hors classe de Niamey produit un minimum de 45 000 certificats de nationalité par an, 35 000 casiers judiciaires, 20 000 autres actes divers (autorisation de cession de salaire, ordonnance de rectification…) (source : rapport annuel 2022 du TGI/HC de Niamey) dont les frais en timbres fiscaux sont évalués à environ 150 000 000 F. Si l'on y ajoute les très nombreuses décisions judiciaires sur lesquelles des frais sont payés aux services des impôts, et des saisies et confiscations diverses, les montants générés annuellement par les juridictions pourraient être impressionnants et faire rivaliser les services judiciaires avec n'importe quelle régie de recettes. Ce qui va faire changer le regard des acteurs des finances vis-à-vis de la justice et permettre une meilleure prise en compte de ses besoins budgétaires.

[196] Des formations ont eu lieu à l'endroit des acteurs en 2022-2023, et le constat est qu'il y a un véritable besoin de renforcement des capacités dans le domaine.

que des centaines de millions de francs CFA soient perdues au titre de recettes de l'État ; ce manque à gagner aurait pu être, sans doute, orienté dans le secteur judiciaire utilement.

Cependant, une gestion adéquate des ressources mises à la disposition du secteur aurait pu déjà conduire à une amélioration conséquente du fonctionnement de l'appareil judiciaire. En effet, il est apparu, d'une part, que la gestion des ressources budgétaires est faite par la chancellerie dans des conditions opaques et en l'absence d'un contrôle efficace. Qu'alors que des juridictions étaient abritées dans des immeubles conventionnés par le ministère de la Justice[197] et végètent dans le dénuement total en termes de mobiliers de bureau[198], des commandes régulières de prestiges sont faites par la chancellerie, y compris superfétatoires[199], pour le seul besoin du confort des services centraux du ministère de la Justice. Il a été constaté que des mobiliers de bureau, y compris des matériels informatiques, ont été remplacés et stockés dans des magasins alors qu'ils sont en bon état. À ce sujet, il a été relevé que des chefs de juridiction ont maintes fois eu à récupérer, dans ces lieux, des mobiliers considérés comme usagés et retirés des bureaux des services centraux, y compris des ordinateurs qui sont en nombre très insuffisant dans leurs services, pour l'usage des juridictions. Ce qui

---

197 Tous les tribunaux d'arrondissement communaux de Niamey sont encore dans cette situation alors qu'une meilleure affectation des ressources, bien programmée sur un délai adéquat, aurait pu permettre de construire des locaux sur un moyen délai.

198 Il fut un moment ou à la Cour d'appel de Niamey, des magistrats ayant atteint le niveau de conseiller, avec généralement plus de 15 ans d'exercice et ayant antérieurement occupé des postes de responsabilité dans le système judiciaire, se retrouvent à partager les mobiliers de bureau tels que les fauteuils, et à utiliser, s'ils en ont, leurs ordinateurs personnels pour le travail du service.

199 Il fut un moment où les magasins du ministère de la Justice comptaient un très grand nombre de machines à café et des fontaines à eau achetées à grands frais et dont on ne sait quoi en faire !!

dénote non seulement d'une affectation inefficiente des ressources du ministère mais aussi d'une gestion inadéquate des ressources matérielles.

D'autre part, il a été observé que les chefs de juridictions ont, quant à eux, fait un usage personnel des affectations budgétaires faites pour les besoins du service. Alors que les fonds devaient servir à des rubriques précises, ils ont été détournés pour des conforts personnels ou pour des appropriations privées. Ainsi, certaines juridictions, bien qu'elles reçoivent des fonds en vue de l'entretien des immeubles, se retrouvent dans des situations de vétustés avancées par manque d'entretien des années durant.

B. L'appui des partenaires au ministère de la Justice

« La justice est la première dette de souveraineté... », affirmait Portalis[200]. Si l'on peut admettre que la justice est une prérogative de l'État, elle apparaît comme étant un devoir dans cette perspective souverainiste. Comment concevoir alors que la justice d'un État, en tant que service régalien et attribut de la souveraineté, soit financée par des fonds extérieurs ? Le plan d'action décennal de mise en œuvre de la PNJDH 2016-2025[201] a pourtant prévu que 45 % du budget prévu sera pris en charge par les partenaires techniques et financiers.

S'il est vrai que la souveraineté signifie la faculté de l'État à exercer dans sa plénitude toutes ses prérogatives sans contraintes extérieures, dans la pratique, *« les États sont unanimes à affirmer l'existence, dans les relations*

---

200 FENET, *Recueil complet des travaux préparatoires du Code civil*, Titre préliminaire, « De la publication, des effets et de l'application des lois en général », présentation au corps législatif, exposé des motifs par le conseiller d'État Portalis, 23 frimaire an X – 14 décembre 1801, t. VI, p. 268 à 270.

201 Plan d'action décennal de mise en œuvre de la PNJDH 2016-2025, adopté suivant Décret n° 2015-320/PRN/MJ du 25 juin 2015, page 60.

entre États souverains, de règles légales distinctes des droits et des obligations morales et s'ajoutant à elles »[202]. Dès lors que l'État est libre de se créer des obligations, il peut également céder des prérogatives. Les États à faibles revenus comme le Niger, qui n'arrivent pas à couvrir leurs besoins de financement ont souvent alors fait recours au financement extérieur pour compléter leur budget, y compris dans le domaine de la défense et de la sécurité. Le domaine de la justice n'y échappe pas. Il est cependant évident que les bailleurs extérieurs attendent très souvent des contreparties en échange. Elles peuvent consister en des immunités ou autres exonérations et insertions de dispositifs juridiques ou abstentions, y compris celles qui seraient contraires aux valeurs sociales en vigueur dans l'État. Celles-ci érodent évidemment la souveraineté de l'État et remettent en cause ses prérogatives à pouvoir sanctionner des comportements contraires aux règles par lui établies sur son territoire.

Sous ces réserves, plusieurs partenaires techniques et financiers appuient le ministère de la Justice à travers divers volets. Cependant, on assiste à une sorte de dispersion et de manque de coordination de ces interventions. Il n'existe pas de base de données centrale et fiable pouvant permettre de déterminer de manière exhaustive les partenaires du ministère de la Justice et les montants de leurs appuis respectifs. Certains partenaires privilégient d'ailleurs des interventions directes dans les juridictions, sans que la Chancellerie ne soit impliquée. Ce qui ne permet pas de prendre en compte ces interventions ni d'en contrôler la mise en œuvre par le niveau central.

Un meilleur mécanisme de contrôle et de coordination de la mise en œuvre des activités des partenaires dans le domaine de la justice, y compris dans le secteur de l'offre

---

[202] SCHWARZENBERGER G. « La souveraineté nationale. Idéologie et réalité ». In *Politique étrangère*, n° 2, 1949, 14e année, p. 127-138.

de justice coutumière, doit être mis en place, afin, au minimum, d'éviter les duplications et permettre une meilleure collecte des données utiles à la mise en place d'un système de justice large intégrant les mécanismes non judiciaires de résolution des litiges.

Conclusions

La qualité de gouvernance d'un pays est intimement liée à la bonne gouvernance de son secteur judiciaire. En effet, quel secteur mieux que celui de la justice est au centre de la sanction des inconduites sociales ? Pourtant, il est apparu que dans toutes ses composantes, le secteur de justice nigérien souffre de tares qui sont de nature à entraver son rôle central d'outil de bonne gouvernance.

D'une part, il est apparu que son organe administratif central, le ministère de la Justice, a connu ces dernières années une instabilité à sa tête, ce qui n'a pas permis de conduire à bien les réformes nécessaires dans le secteur, après avoir connu une période où, paradoxalement, la longue stabilité a abouti au dévoiement de nombreuses réformes pour des visées autres que celles de la bonne gouvernance du secteur. Ainsi, les actions engagées dans le cadre de la réforme de la carte judiciaire, en plus d'être non inclusives, et sans doute à cause de cet aspect, ont conduit à une organisation judiciaire irréaliste sans prise en compte des réalités contextuelles en termes de personnel et d'infrastructures. Cette réforme restera pour longtemps sans être adéquatement mise en œuvre. Les structures, par elle prévues et installées au forceps, coexisteront longtemps avec celles de l'ancienne organisation judiciaire, contribuant à flouter encore un peu plus le service public de la justice pour le justiciable. Ces réformes ont été aussi des occasions manquées pour la prise en compte d'un pan important de l'offre de justice au Niger, le système de justice coutumière, en vue de l'intégrer dans une dynamique de valorisation de son apport et d'amélioration de son offre, toute chose qui aurait pu impacter positivement l'offre de justice générale au Niger.

D'autre part, il est apparu que les acteurs de justice n'ont pas suffisamment les moyens légaux et budgétaires pour exercer convenablement les fonctions de défense de la loi attendues d'eux. Si pour les aspects structurels, il est attendu des réformes à même d'assurer leur indépendance et leur permettre d'exercer sereinement leur office, il est cependant attendu de tous les acteurs, les magistrats surtout, personnellement, et c'est sans doute l'une des rançons de l'honorabilité de leur fonction, un comportement indemne de suspicions négatives ou tout au moins un professionnalisme exemplaire. Une plus grande redevabilité est alors attendue dans le secteur en vue de son assainissement et ainsi de contribuer à combattre l'impunité qui a tendance à s'y incruster. En effet, le juge est, en dernière analyse, le garant de la confiance de l'individu envers sa société, un rempart contre la vengeance personnelle ou la colère destructrice ; il est à ce titre le garant de la stabilité et de la paix sociale. Il est surtout le garant de l'État de droit et de la démocratie, non seulement par sa participation à la conduite et à la surveillance des opérations électorales dont il assure la sincérité, mais aussi parce qu'il contribue au respect de la loi, qui n'est elle-même que le reflet de la volonté du peuple souverain. Aussi son indépendance, qui est le gage de son impartialité, doit, de plus en plus, être considérée comme une prestation que l'État a le devoir d'offrir aux citoyens, au même titre que la santé et l'éducation. L'indépendance des juges, à titre de rappel, n'est pas destinée à la justice, mais aux justiciables, ses *« consommateurs souvent involontaires »*[203], auxquels elle se doit d'apporter cette garantie. Et celle-ci à son tour est un moyen mis au service d'une autre fin, celle de prémunir contre tout préjugé qui pourrait éroder la confiance en l'institution.

---

[203] Jean-Marc VARAUT, « Indépendance », *Dictionnaire de la Justice*, PUF, 2004, cité par Guy CARCASSONNE, *Ibidem*, p. 33.

Toutefois, il n'y a pas d'illusion à se faire, l'indépendance de la justice ne dépendra pas que de la volonté des autres pouvoirs car en fin de compte, elle se conquiert plus qu'elle ne s'acquiert. Il appartient à chaque acteur d'en prendre conscience et d'agir pour son indépendance dès lors que la loi le lui reconnait. En tout cas, comme le disait Kéba MBAYE, *« on ne peut forcer un homme à être libre, on ne peut que lui donner les moyens de sa liberté, l'indépendance n'existe que par exercice et volonté*[204]. »

Cependant, les mécanismes de redevabilité sont tout de même fondamentaux pour l'atteinte des objectifs d'une gouvernance vertueuse dans le secteur. Par leur anticipation, par la pédagogie et les alertes, ils peuvent enrayer les tendances aux inconduites des acteurs. Par les poursuites et les sanctions sans corporatisme et sans faiblesse, l'acteur honnête se sentira à l'abri des suspicions ; l'acteur tenté par les inconduites, mais qui craint l'opprobre, se gardera de basculer dans leur commission ; l'acteur convaincu des actes attentatoires à l'honorabilité du secteur sera châtié et révoqué si nécessaire. Aussi, leur renforcement sera un facteur véritable de bonne gouvernance pour tous les secteurs de la société. Il s'agira certainement d'un processus qui n'est pas que légal et comportemental mais aussi budgétaire.

À l'aune, en effet, de dotations budgétaires conséquentes, la conviction pourra être faite d'une volonté réelle pour une justice vertueuse au service de la bonne gouvernance de la société tout entière : la préservation de la

---

[204] Cité par Monsieur Cheikh Hadjibou SOUMARÉ, Premier ministre de la République du Sénégal dans son discours d'ouverture du deuxième congrès de l'Association des hautes juridictions de cassation des pays ayant en partage l'usage du français (AHJUCAF) avec pour thème « L'indépendance des juges », Dakar du 7 au 8 novembre 2007 ; p. 26 du rapport final.

vertu au sein du secteur de justice y dépend, en complémentarité avec la personnalité des acteurs.

Bibliographie

Ouvrages

1. André-Jean ARNAUD (dir.), *Dictionnaire encyclopédique de théorie et de sociologie du droit*, Coll. « Droit et société », 2e éd., LGDJ, Paris, 1993 ;

2. Bar Association (ABA) (2012). "Access to justice assessment for Mali", disponible au http://www.americanbar.org/content/dam/aba/directories/roli/mali/mali_access_to_justice_assessment_2012.authcheckdam.pdf

3. Honoré de BALZAC, *Splendeur et misère des partisanes*, Édition de référence : Paris, Alexandre Houssiaux, Éditeur, 1855 ;

4. Mauro CAPPELLETTI (dir.), *Access to justice*, Milan, Giuffrè Editore, Alphen aan den Rijn, Sijthoff, Noordhoff, 1978. Quatre volumes ;

5. Guy CARCASSONNE, *La Constitution introduite et commentée*, préface de G. VEDEL, Seuil, Points, 9e éd., Paris, 2009 ;

6. Commission internationale des juristes (2009). Access to justice for Africa's marginalized: Impediments and opportunities in eleven countries. Kenyan and Swedish sections of ICJ, African Human Rights and Access to Justice Program ;

7. Jean de la FONTAINE, in *Les animaux malades de la peste*, Éditions Claude Barbin, Paris, 1678 ;

8. Marie-Anne FRISON-ROCHE, « Le droit d'accès à la justice et au droit », *in* CABRILLAC Rémy, FRISON-ROCHE Marie-Anne et REVET Thierry (dir.), *Libertés et droits fondamentaux*, 18e éd, Dalloz, 2012, Paris ;

9. Antoine GARAPON, *Bien juger, essai sur les rituels judiciaires*, Éditions Odile Jacob (2001) ;

10. James McGREGOR BURNS, *Leadership*, New York, Harper & Row, 1978 ;
11. Montesquieu, *De l'esprit des lois*, éd. V. Goldschmidt, *GF*-Flammarion, 1979 ;
12. Abdourahamane Oumarou LY, *L'accès à la justice au Niger. L'autoreprésentation devant les juridictions*, Édition L'Harmattan, 2021 ;
13. Roger PERROT, *Institutions judiciaires*, Montchrestien, douzième édition, 2006 ;
14. François Rabelais, *Gargantua*, Flammarion, 2021 ;
15. United States Agency for International Development. (2010). "USAID guide to rule of law country analysis: The rule of law strategic framework". Disponible au http://pdf.usaid.gov/pdf_docs/PNADT593.pdf
16. Jean-Marc VARAUT, « Indépendance », *Dictionnaire de la Justice*, PUF, 2004.

Articles

1. Jeannine Ella ABATAN et Remadji HOINATHY, « Réussir Goudoumaria : les ex-associés de Boko Haram se réintègrent-ils ? » *ISS*, 8 décembre 2021 ; https://issafrica.org/fr/iss-today/reussir-goudoumaria-les-ex-associes-de-boko-haram-se-reintegrent-ils
2. Joël FICET, « Les ambiguïtés de la gouvernance judiciaire : autorégulation et qualité dans le Ministère public belge », *Revue gouvernance*, Printemps 2008 ;
3. George CANIVET, « Déontologie… déontologies ? La persévérance est une forme de courage », in *Lettre de l'ENM*, oct. 2005 ;
4. Abdourahaman CHAIBOU, « La jurisprudence nigérienne en droit de la famille et l'émergence de la notion de coutume urbaine », *Journal of Legal Pluralism and Unofficial Law,* 1998 ;
5. René DAVID, « Théorie et réalité dans l'application du droit. Une enquête internationale sur l'accès à la

justice », *Revue internationale de droit comparé, vol. 31*, 1979, p. 617-629 ;

6. Marc-Antoine GRANGER, « Le parquet, une autorité judiciaire indépendante ? » p. 1 http://www.droitconstitutionnel.org/congresNancy/comN6/grangerT6.pdf, consulté le 4 janvier 2015 ;

7. Boubacar ISSA ABDOURAHAMANE, « Les juges à l'épreuve de la démocratisation : l'exemple du Niger » ; *Revue Électronique Afrilex*, juin 2003 ;

8. Julie JOLY-HURARD, « La responsabilité civile, pénale et disciplinaire des magistrats ». *Revue internationale de droit comparé*, vol. 58, n° 2, 2006, p. 439-475 ;

9. Sabi Abdourahame GAYAKOYE, « "La justice de la débrouillardise" qui reste encore d'actualité », in la *Revue juridique du syndicat autonome des magistrats du Niger (SAMAN)*, numéro de juin-juillet 2005 ;

10. Amina Balla KALTO, « La problématique de l'accès à la justice au Niger », disponible au https://afrilex.u-bordeaux.fr/2013/07/23/la-problematique-de-lacces-a-la-justice-au-niger/, consulté le 31 octobre 2023 ;

11. Maman Aminou A. KOUNDY, « La réparation accordée aux victimes d'actes de terrorisme dans les conflits sahéliens : l'exemple du Niger », in *Revue internationale de la Croix-Rouge,* volume 103, Sélection française 2022/3, p. 121-139 ;

12. Maman Aminou A. KOUNDY, « Boko Haram, l'histoire d'une méconnaissance de droits de l'homme », juillet 2016, fiche de recherche, Irenées ;

13. Kéba Mbaye, « Les droits de l'homme en Afrique », *Revue internationale de droit comparé*, année 1993, 45-3 p. 723-726 ;

14. Nathalie MERLEY, « Le chef de l'État et l'autorité judiciaire sous la Ve République », *RDP*, 1997, n° 3, p. 713 ;

15. Luc RANEIRI, « Si les victimes deviennent bourreaux », juin 2018, disponible au https://www.international-alert.org/fr/publications/si-les-victimes-deviennent-bourreaux-facteurs-contribuant-a-la-vulnerabilite-et-a-la-resilience-a-lextremisme-violent-au-sahel-central/

16. Jacques ROBERT, « La nation et ses juges », *RDP*, 2006, n° 3, p. 547. Disponible sur www.lextenso.fr

17. Bachir TALFI, « Organisation judiciaire au Niger », disponible au https://www.academia.edu/6195435/Lorganisation_judiciaire_au_Niger

18. Mahaman TIDJANI ALOU, « La justice au plus offrant : Les infortunes du système judiciaire en Afrique de l'Ouest (autour du cas du Niger) », dans *Politique africaine*, 2001/3 (n° 83), pages 59 à 78. Éditions Karthala.

Thèses et rapports de colloques et de recherches

1 Olivier BORRAZ, « Pour une théorie plurielle du leadership en politique », dans *Leadership et espace politique : la dimension polity*, Atelier 10 du Congrès de l'AFSP, Rennes, 28-28 septembre, 1er octobre 1999 ;

2 Guy CARCASSONNE, « Rapport final du colloque "l'indépendance des juges" », Dakar du 7 au 8 novembre 2007 ;

3 Enquête Afrobaromètre 2017 ;

4 Jean-Paul JEAN, « Comment la justice peut-elle contribuer à ce qu'un pays écrive lucidement son histoire », *in* GABORIAU Simone et PAULIAT Hélène, *Justice et démocratie*, actes du colloque organisé à Limoges les 21-22 novembre 2002 ;

5 Brou Olivier Saint-Omer KASSI. « Francophonie et justice : contribution de l'Organisation internationale de la francophonie à la construction de l'État de droit ». Thèse Université de Bordeaux, 2015 ;

6 Maman Aminou A. KOUNDY, « Les obligations des États en matière de respect des droits de l'homme dans la lutte contre le terrorisme au Sahel ». Thèse, Université Abdoumoumouni de Niamey, 2018 ;

7 Hamani OUMAROU, « La rédaction des décisions de justice au tribunal de grande instance hors classe de Niamey », *Études et travaux du Lasdel*, n° 117, 2015 ;

8 Hamani OUMAROU, « L'administration des carrières des magistrats au Niger, une ethnographie du Conseil supérieur de la magistrature », *LASDEL, Études et Travaux*, n° 70, décembre 2008 ; publié sur http://www.ifeas.uni-mainz.de/workingpapers/Arbeitspapiere.html

Document de politiques publiques

1 Bilan de 10 ans de mise en œuvre du programme de renaissance, mars 2021 ;

2 CNDH, Rapport sur la situation des droits humains, mars 2020 ;

3 INS et ministère de la Justice, Rapport final de l'enquête nationale sur la corruption en milieu judiciaire et les autres phénomènes sociaux, mai 2018 ;

4 Ministère de la Justice, rapport de l'audit de l'IGSJ/P, janvier 2019 ;

5 Ministère de la Justice, rapport de suivi de la mise en œuvre des conclusions et recommandations des états généraux de la justice ;

6 PDES 2022-2026, volume I, diagnostic stratégique ;

7 Politique nationale justice et droits humains ;

8 Programme de développement économique et social 2017-2021 et 2022-2026 ;

9 Rapport général des états généraux de la justice tenue du 26 au 30 novembre 2012 à Niamey ;

10 Rapport annuel 2022 du Tribunal de grande instance hors classe de Niamey.

Table des matières

Liste des acronymes, sigles et abréviations 5

Introduction 9

Chapitre I
L'instabilité de l'organisation du ministère de la Justice, facteur de faibles performances 19

A. Le leadership affaibli des dirigeants du ministère de la Justice 19

B. L'évolution et les actions des structures de direction 22

1. L'évolution de l'organisation des directions du ministère de la Justice 23

2. Les actions de la chancellerie en matière de respect des droits humains 28

C. La création des Établissements publics sous tutelle 30

1. La Haute Autorité de protection des données à caractère personnel (HAPDP) 30

2. Les autres Établissements publics à caractère administratif 31

Chapitre II
La parodie de l'indépendance_de la justice nigérienne 35

A. Les éléments structurels, écrans de fumée de l'indépendance de la magistrature au Niger 38

1. Une indépendance consacrée par la Constitution 39

2. L'ineffectivité du rôle du Conseil supérieur de la magistrature 42

3. Le parquet nigérien, élément de remise en cause de l'indépendance de la magistrature ? 47

B. La personnalité du juge nigérien, entre fierté et indigence 52

1. Des mauvaises conditions matérielles et financières 52

2. Une gestion inappropriée de la carrière du juge nigérien 55

3. Une mitigée appréciation du comportement du juge nigérien sur le plan éthique et déontologie..60

Chapitre III.
L'inefficacité du mécanisme de redevabilité 69

A. Les mécanismes de redevabilité extérieurs au secteur judiciaire 71

B. Les mécanismes de redevabilité au sein du secteur judiciaire 73

1. Les mécanismes de contrôle interne : les chefs des juridictions et les magistrats attributaires de compétence 74

2. L'inspection générale des services judiciaire et pénitentiaire, organe interne principal de contrôle du secteur judiciaire 78

3. Les organes disciplinaires de la magistrature nigérienne 83

Chapitre IV. Une insuffisante offre de services judiciaires 91

A. La nouvelle organisation judiciaire du Niger : entre ambition et limites objectives 93

1. Les innovations relatives aux juridictions de droit commun 94

2. Les innovations relatives à des juridictions spécialisées 102

B. La non-valorisation de la justice coutumière et informelle 104

C. La nécessité d'une justice transitionnelle mieux balisée 109

D. L'évolution d'autres organes d'offre de service 112

1. L'Agence nationale de l'assistance juridique et judiciaire (ANAJJ) 112

2. L'École de formation judiciaire du Niger (EFJN) 116

E. Regard sur certains corps professionnels d'offre de service du secteur judiciaire 118

Chapitre V
Le financement de la justice au Niger 129

A. Le financement de la justice par l'État nigérien 129

B. L'appui des partenaires au ministère de la Justice 133

Conclusions 137

Bibliographie 141

Structures éditoriales du groupe L'Harmattan

L'Harmattan Italie
Via degli Artisti, 15
10124 Torino
harmattan.italia@gmail.com

L'Harmattan Hongrie
Kossuth l. u. 14-16.
1053 Budapest
harmattan@harmattan.hu

L'Harmattan Sénégal
10 VDN en face Mermoz
BP 45034 Dakar-Fann
senharmattan@gmail.com

L'Harmattan Cameroun
TSINGA/FECAFOOT
BP 11486 Yaoundé
inkoukam@gmail.com

L'Harmattan Burkina Faso
Achille Somé – tengnule@hotmail.fr

L'Harmattan Guinée
Almamya, rue KA 028 OKB Agency
BP 3470 Conakry
harmattanguinee@yahoo.fr

L'Harmattan RDC
185, avenue Nyangwe
Commune de Lingwala – Kinshasa
matangilamusadila@yahoo.fr

L'Harmattan Congo
219, avenue Nelson Mandela
BP 2874 Brazzaville
harmattan.congo@yahoo.fr

L'Harmattan Mali
ACI 2000 - Immeuble Mgr Jean Marie Cisse
Bureau 10
BP 145 Bamako-Mali
mali@harmattan.fr

L'Harmattan Togo
Djidjole – Lomé
Maison Amela
face EPP BATOME
ddamela@aol.com

L'Harmattan Côte d'Ivoire
Résidence Karl – Cité des Arts
Abidjan-Cocody
03 BP 1588 Abidjan
espace_harmattan.ci@hotmail.fr

Nos librairies en France

Librairie internationale
16, rue des Écoles
75005 Paris
librairie.internationale@harmattan.fr
01 40 46 79 11
www.librairieharmattan.com

Librairie des savoirs
21, rue des Écoles
75005 Paris
librairie.sh@harmattan.fr
01 46 34 13 71
www.librairieharmattansh.com

Librairie Le Lucernaire
53, rue Notre-Dame-des-Champs
75006 Paris
librairie@lucernaire.fr
01 42 22 67 13

www.ingramcontent.com/pod-product-compliance
Lightning Source LLC
LaVergne TN
LVHW021230061026
849535LV00008B/3003